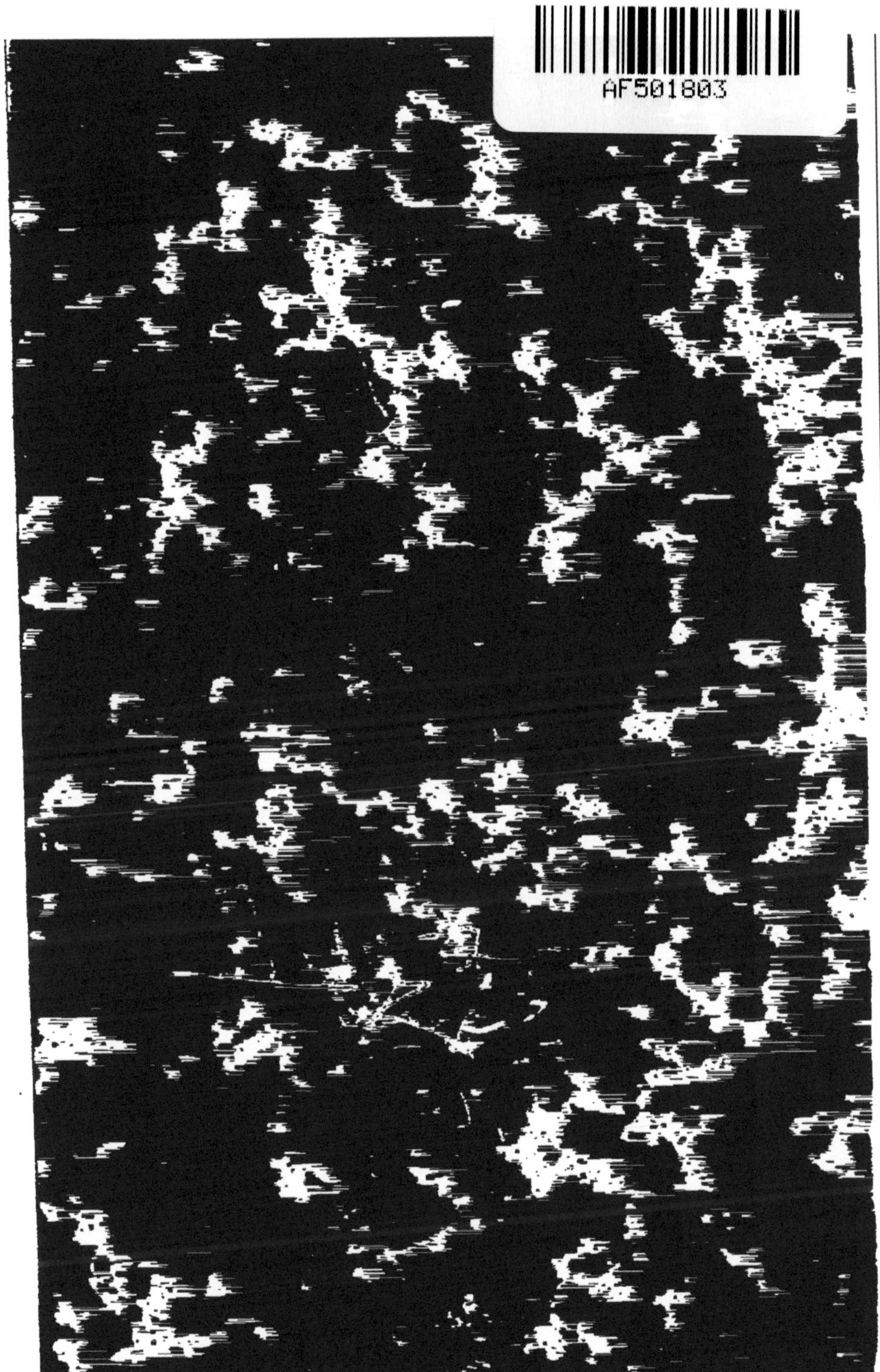

CAMPAGNES
DES
FRANÇAIS EN ITALIE.

CAMPAGNES

DES FRANÇAIS EN ITALIE,

SOUS LES ORDRES

DE BONAPARTE,

JUSQU'AU

TRAITÉ DE CAMPO-FORMIO,

SECONDE EDITION,

AUGMENTÉE D'UN SIXIÈME VOLUME

CONTENANT les campagnes de ce général en Egypte, notamment sa dernière en Italie, et la bataille de Maringo, ainsi que les événemens les plus remarquables en France, tels que le 18 brumaire an 8, le 3 nivôse an 9, JUSQU'A LA PAIX DÉFINITIVE.

TOME TROISIÈME.

A PARIS,
Chez PONTHIEU, Libraire, rue de la Feuillade, n°. 1.

1802 -- AN X.

CAMPAGNES

DES FRANÇAIS EN ITALIE,

OU

HISTOIRE MILITAIRE,

POLITIQUE ET PHILOSOPHIQUE

DE LA RÉVOLUTION.

CHAPITRE PREMIER.

Mesures prises par la convention, contre les intrigues des agens des puissances étrangères. Correspondance de quelques sections de Paris avec plusieurs départemens. Refus des électeurs de Paris d'obéir au décret rendu dans la nuit du 11 au 12 vendémiaire. Proclamation de la convention. Journée du 13 vendémiaire et ses suites. Pétition des habitans des départemens méridionaux, lue à la convention. Mesures pour arrêter les assassinats dans ces départemens. Développement des causes de ces meurtres. Inquiétudes que répand contre l'établissement du corps législatif la formation d'une commission de cinquante membres, chargée de sauver la patrie. Nomination des membres du directoire de France. Proclamation du directoire après son installation. Bruits inquiétans répandus dans Paris et dans la république française. Position délicate où se trouve le directoire. Causes des agitations sourdes et des mouvemens qui se préparaient. Demande inconsidérée de l'ambassadeur du grand-duc de Toscane. Réponse du directoire à cette demande. Les députés prisonniers en Autriche se présentent à la convention. Terme fixé pour l'admission des assignats. Préparatifs de guerre pour la campagne. Vœu général des puissances du continent pour la paix ; efforts du ministère anglais pour empêcher d'y parvenir. Conduite de la Cour de Toscane après le renvoi du comte Carletti. Envoi d'un autre ambassadeur; son discours; réponse du directoire. Brûlement des instrumens qui avaient servi à la fabrication des assignats. Création des mandats. Découverte des desseins de Babœuf. Création de la haute-cour de justice. Meurtres à Marseille et à Aix. Mouvemens préparés au faubourg Antoine; leur résultat. Affaire du camp de Grenelle, sous Paris.

LA convention, informée des intrigues qu'employaient les agens des puissances étrangères, pour surprendre la bonne-foi des Français, et des menées de ceux qui voulaient absolument un roi, rendit, le cinquième jour complementaire de l'an 3, un décret portant que les pères, fils, frères, oncles, neveux et époux des émigrés, les alliés au même degré, les ministres du culte insermentés, ceux qui avaient rétracté ou modifié leur serment, cesseraient, dès la publication du décret, toutes fonctions administratives, municipales et judiciaires. Il fut aussi rendu un décret qui défendit aux commandans de la force armée, à Paris, de marcher sur d'autres ordres que sur ceux des représentans chargés de la force armée, et des généraux sous leur ordres, à peine d'être punis comme complices de la conjuration tendante à renverser la république, à dissoudre la représentation nationale et à affamer la commune de Paris. La convention fixa définitivement, au 5 brumaire de l'an 4, l'ouverture du corps législatif.

Plusieurs sections de Paris avaient des correspondances dans les départemens. Le courier que la section Lepelletier envoyait à Lyon, ayant trouvé le représentant Goupilleau à Melun, l'accosta se disant courier du département. Desirant obtenir un visa de ce représentant, il se fit reconnaître à ses propos incohérens. On trouva cachées sur lui des pièces intéressantes, que les malveillans de Paris envoyaient à leurs affidés de Lyon.

Dans la séance de la nuit du 11 au 12

vendémiaire, la convention informée que les électeurs, réunis au Théâtre-Français, avaient refusé d'obéir au décret rendu le matin, et que ceux qui l'avaient proclamé avaient été maltraités sur le perron du Théâtre, les comités ordonnèrent à la force armée de marcher pour s'emparer des rebelles à la loi; mais ils avaient pris la fuite. Dans la séance du 12, la convention apprit que les troupes avaient cerné la section Lepelletier; que le représentant Laporte lui avait donné dix minutes pour se séparer; que la section avait demandé que les troupes se retirassent, que le général Menou les avait fait retirer, et que la section était restée assemblée. La convention ordonna à ses comités de Gouvernement de ne paraître à la tribune que lorsque les chefs seraient arrêtés et les rebelles désarmés. Elle destitua le général Menou et nomma à sa place le représentant du peuple Barras, général de brigade. La convention approuva la proclamation suivante :

Après avoir épuisé tous les moyens paternels pour éclairer les esprits et ramener les hommes égarés, la convention est enfin résolue de faire cesser une lutte scandaleuse entre la volonté du peuple français tout entier, et l'opposition d'une poignée de conjurés royalistes. Décidée à périr ou à faire triompher la loi, elle poursuivra les factieux par-tout où ils se trouveront, et brisera tous les appuis dont ils chercheront à s'étayer. Elle compte, au surplus, dans cette entreprise, sur le secours de tous les républicains, soldats-citoyens ou citoyens-soldats.

Cependant, les ennemis de la liberté osent publier que, pour soutenir une cause aussi sainte, la convention nationale a appelé à son secours l'affreux terrorisme.

Non, citoyens, dussions-nous périr sous les fer des assassins ou des bourreaux, jamais nous n'invoquerons le crime pour fonder le règne de la vertu. Jamais la convention nationale ne tendra la main au terrorisme; elle l'a détruit pour toujours; ce n'est qu'une affreuse calomnie pour diviser les citoyens. Les méchans vous ont trompé si souvent! Quelle foi devez-vous à leurs discours?

Ne les croyez jamais que lorsqu'ils vous diront que nous organisons la république au prix de tout notre sang.

Lorsque quelques ambitieux pervers conjuraient ouvertement dans Paris pour la renverser cette république, la convention nationale fit un appel à tous les patriotes. Les comités de Gouvernement ont cru de leur devoir de ne pas le rendre vain.

Un grand nombre de zèlés républicains se sont présentés pour répondre aux cris de la patrie outragée; mais parmi les hommes qu'ils ont armés, il n'en est pas un seul qui ne soit pourvu de sa carte de citoyen, dont le nom, la profession et la demeure ne soient enregistrés; tous ont fait le serment de respecter les personnes et les propriétés et de les défendre; ils ont pris pour devise : Liberté, égalité, humanité; ils ont juré de se dissoudre dès que la convention nationale aura prononcé que l'intérêt public n'exige plus leur service. Ils ont demandé eux-mêmes, pour les commander, le général Beruyer, recommandable par son âge, sa sagesse et ses vertus militaires. Voilà les prétendus terroristes qu'on veut faire un crime au Gouvernement d'avoir armés.

Ce n'est donc qu'avec ces braves défenseurs et avec vos concitoyens qui n'ont pas démérité, que vous aurez à marcher. Amis de la liberté, amis des loix, de la constitution et de la paix, écoutez la voix du devoir, et dès que le cri de force à la loi aura été entendu, rangez-vous sous l'autorité légitime. Effrayés d'un si touchant accord et d'une résolution aussi ferme, le royalisme et l'anarchie sont vaincus tout à-la-fois: sous peu de jours les premiers pouvoirs s'organisent, et la constitution, gage assuré de la paix et du bonheur, s'élevera enfin sur les ruines de toutes les factions.

La convention crut qu'elle devait se mettre en garde contre les attaques des royalistes des sections, qui forçaient les citoyens, qu'ils égaraient par des calomnies, à prendre les armes contre la représentation nationale. Après avoir nommé Beruyer pour commander la légion de police, accompagnée d'artisans et d'ouvriers zèlés, que l'on qualifia alors de terroristes, Buonaparte fut chargé du commandement de l'artillerie et des troupes de ligne, qu'on se hâta de rassembler pour soutenir la convention en danger.

Le 13 vendémiaire, à midi, le nombre des défenseurs de la convention augmenta considérablement; le Carousel, les Tuileries, la place de la Révolution, tous les ponts étaient exactement gardés, tant par les troupes de ligne que par les citoyens de plusieurs sections. Le représentant Barras, chef de la force armée, instruisit la convention que les sections des Thermes et des Gardes-Françaises étaient déterminées à répandre leur sang pour la défense de la représentation nationale.

Le général Huard étant avec sa troupe à l'entrée de la rue de la Convention, vis-à-vis Saint-Roch, le commandant de bataillon de section se présentant, lui dit: Puis-je avancer, ou veux-tu avancer? Ni l'un, ni l'autre, répondit le général, je ne compose pas avec des rebelles. A quatre heures et demie, on entendit crier aux armes autour du palais National, et aussitôt tous les militaires et tous les citoyens se rangèrent en bataille.

Tous les représentans du peuple présens prirent leurs places et gardèrent le plus profond silence. Plusieurs d'entr'eux étant dehors, marchèrent à la tête des bataillons. Quelques minutes après, des décharges d'artillerie se firent entendre aux environs de la cour du Manége. La convention frémit d'horreur. Ces marques de douleur et d'inquiétude, quoiqu'étouffées, agitèrent l'assemblée et formèrent un bruit confus au milieu duquel on distingua facilement l'accent de la plainte et le murmure de l'indignation. On entendit de nouvelles décharges; alors le représentant Legendre s'écria: Recevons la mort avec l'audace qui appartient aux amis de la liberté, aux fondateurs de la république. Le silence qui succéda fut interrompu par de nouvelles décharges; le feu continuait en dehors, et les représentans conservèrent une attitude paisible où l'on remarquait l'empreinte de la douleur: on entendit une fusillade du côté du petit Carousel, on la jugea dirigée contre le comité de sûreté-générale. Des coups de canon répondirent aussitôt de ce côté aux fusillades qui continuèrent, et les officiers de santé membres de la convention furent appelés pour panser les blessés. Le feu parut cesser du côté du petit Carousel. Un membre annonça que les rebelles étaient repoussés et on apporta le drapeau d'une section révoltée. Un officier vint demander le représentant Barras et une caisse de cartouches pour le côté des Feuillans.

Quelques citoyennes amenées dans les bancs des pétitionnaires, par des représentans, voulurent panser elles-mêmes les blessés; elles se rendirent auprès d'eux dans le sallon de la Liberté, où elles leur prodiguèrent les soins les plus touchans, et en se livrant à cette occupation, des larmes d'attendrissement s'échappaient de leurs yeux.

Les cris de vive la république! vive la convention! se mêlèrent au bruit des fusillades qui continuèrent toujours dans la rue du Dauphin. Une pièce de canon placée au coin de la terrasse des Feuillans, devant le palais, tira à boulets dans une maison dont les fenêtres donnaient dans la cour du Manége, et d'où quelques rebelles faisaient un feu de mousqueterie sur les républicains. Cependant le feu diminua progressivement. Vers les six heures de l'après-midi, on n'entendit par intervalle que quelques coups éloignés. Les représentans visitèrent tour-à-tour les blessés, dans le sallon de la Liberté.

Le général en chef avait reçu de la part des comités l'ordre positif de ne point attaquer, de se tenir sur la défensive, et même d'éluder les provocations. Le combat commença par une trahison : plusieurs rebelles, dont l'un était porteur d'un drapeau, s'avancèrent vers le comité de sûreté-générale ; quelques-uns d'entr'eux mirent bas les armes, déposèrent leur drapeau et embrassèrent un capitaine des grenadiers de la convention, et au même instant, soit que ce fût ou non le signal convenu, des coups de fusil furent tirés par des rebelles restés derrière les premiers, et blessèrent plusieurs militaires. Ce fut ainsi que l'attaque commença.

Les soldats républicains, attaqués par

une foule considérable, ripostèrent avec beaucoup de vigueur. Secondés par deux pièces de canon bien servies, repoussèrent les ennemis jusque dans l'église Saint-Roch, où aboutit la rue du Dauphin, nommée maintenant rue de la Convention, dans laquelle église ils s'enfermèrent. On eut bien de la peine à contenir l'ardeur des soldats, qui voulaient les poursuivre dans ce retranchement.

Le baron de Staël, ambassadeur de Suède, arriva alors à la convention et prit sa place ordinaire. Il était armé d'un sabre comme les représentans, et accompagné d'une autre personne.

Le 13 vendémaire n'aurait pas eu lieu, si le comité de salut-public n'eût pas refusé de rayer de la liste des émigrés Mathieu Montmorenci et quelques autres protégés de madame Staël, qui fut sans doute humiliée de ce refus. Dans un souper chez cette dame, où se trouvèrent les les citoyens Lacretelle jeune et autres, on forma le complot de faire rejeter les décrets des 5 et 13 fructidor; on se partagea les sections, on y pérora avec force, et on parvint à en soulever plusieurs, en prétextant que ces décrets portaient atteinte à la souveraineté du peuple; tant il est vrai que souvent les plus petites causes produisent les plus grands effets.

Le représentant du peuple Barras entra à la convention à neuf heures et demie, et dit : Il est douloureux pour moi d'avoir un pareil récit à vous faire; mais il a fallu opposer la force à la force; il a fallu marcher contre ceux qui voulaient égorger la convention et disaient que eux seuls devaient gouverner. Ils voulaient établir un roi, et ils ne pensaient pas que, quand ils seraient parvenus à détruire la convention, ils auraient encore à combattre cette masse imposante de républicains qui leur a fait mordre la poussière. J'invite la convention à être calme, la victoire est à nous, et les révoltés seront bientôt forcés dans les postes plus éloignés qu'ils occupent, comme ils l'ont été dans ceux qui environnent le palais National.

Ce qu'il y eut de remarquable dans la journée du 13 vendémiaire, c'est qu'on ne vit pas un seul de ceux qui avaient commencé d'abord par égarer les citoyens, en surprenant leur bonne-foi par de faux rapports, et ensuite par les soulever en en imposant à leur conscience, s'exposer même au moindre danger. Quand la révolte fut amenée au point où ils la desiraient, ces hommes perfides et lâches, au lieu de se mettre à la tête de ceux qu'ils faisaient soulever, pour partager les dangers avec eux, se réunirent dans les chefs-lieux de leurs sections recpectives, en faisant entendre que c'était pour délibérer sur ce qui convenait qui fut fait dans les circonstances présentes, et dans le fait ce fut pour se mettre à l'abri des balles et des boulets, tandis qu'ils envoyaient au combat des pères de famille respectables à qui ils en avaient imposé, tandis qu'ils sacrifiaient d'honnêtes citoyens qu'ils avaient rendus dupes de leur hypocrite fourberie et de leur fureur, et qui eussent été paisibles et tranquilles, sans leurs odieuses suggestions; ces hommes qui avaient tant parlé de la souveraineté du peuple, de la violation de ses droits, restaient lâchement à attendre dans des lieux éloignés du danger, l'issue des évènemens, pour prendre des déterminations ultérieures, d'après ce qui serait arrivé, et lorsqu'ils apprirent que les succès s'étaient déclarés pour la bonne cause, ils prirent la fuite et restèrent long-tems cachés. Le crime a toujours pour compagnes l'hypocrisie, l'imposture, la férocité, la lâcheté, et jamais la valeur.

La convention nationale fit une proclamation qu'elle envoya par des couriers extraordinaires dans les départemens et aux armées. Elle rendit un décret portant que les couriers et émissaires envoyés dans les départemens, par les assemblées primaires ou assemblées de sections de Paris, seraient arrêtés, à la diligence et sous la responsabilité individuelle et collective des officiers de police, de sûreté, et des administrateurs et procureurs-généraux-syndics de département.

A l'approche des troupes, les habitans de la section Lepelletier envoyèrent des parlementaires; mais, ayant reçu pour réponse qu'on ne traitait pas avec des révoltés, ils prirent la fuite en laissant leurs chevaux.

chevaux. Plusieurs citoyens de cette section avouèrent qu'ils avaient été égarés par des factieux, qu'ils les connaissaient, et qu'ils les livreraient à la vengeance des loix.

Une commission centrale s'organisait à cette section; le dépôt des chevaux de la république était au pouvoir des révoltés, les envois d'armes à la section des Quinze-Vingts avaient été interceptés par eux, la trésorerie nationale était occupée par cette section, les subsistances destinées aux troupes avaient été enlevées, un hussard d'ordonnance eut son cheval tué dans la rue Honoré et fut lui-même blessé à mort; les représentans qui sortirent hors de l'enceinte du palais National furent insultés, arrêtés et gardés en ôtage, les comités de Gouvernement furent mis hors la loi, un tribunal aristocratiquement révolutionnaire fut nommé pour juger, avec quelque apparence de forme, les proscrits qui, au prime abord, auraient échappé au fer; tout enfin caractérisait une guerre ouverte, tout annonçait les coups que l'on allait frapper; des généraux rangés sous les drapeaux de la commission centrale de la section Lepelletier, et différens renseignemens donnaient lieu de croire que non-seulement d'autres avaient imité leur dessein, mais que des troupes et des émigrés partageaient avec eux le commandement de l'armée sectionnaire.

On adressa au comité une lettre par laquelle on demandait à s'expliquer avec lui, en faisant entendre que la paix pouvait se rétablir, si la convention voulait désarmer ceux que les comités avaient armés la veille. L'idée de déshonorer, par un désarmement, des citoyens que leur patriotisme seul avait engagé à venir défendre la représentation nationale, fit rejeter avec indignation cette proposition, qui resta sans réponse, et à l'instant qu'on avait résolu dans les comités, d'envoyer vingt-quatre représentans dans toutes les sections de Paris, pour les engager à rentrer dans l'ordre, l'attaque commença et le canon se fit entendre. La convention décréta, le lendemain, que tous ceux qui, par leur courage et leur bravoure, avaient coopéré à la défaite du parti contraire, avaient bien mérité de la patrie.

La convention supprima l'état-major de Paris, ainsi que les compagnies de grenadiers et de chasseurs. Elle rendit une loi portant création de trois conseils militaires pour juger ceux qui avaient pris part à la révolte. La convention fut informée que la flotte anglaise sommait, dans le même tems qu'on se révoltait à Paris et dans d'autres communes, le commandant de l'isle de Noirmoutiers, de se rendre aux Anglais et au comte d'Artois, qui était sur la flotte, et qu'ils en reçurent une réponse pleine de vigueur. Elle apprit aussi que l'armée de Charette venait d'être complettement battue; qu'elle avait laissé quatre cents hommes sur le champ de bataille, et que Charette lui-même avait été forcé de fuir dans un bois. Les royalistes avaient monté leur coup de manière à mettre en œuvre toutes leurs ressources, et à faire agir dans le même tems tous leurs moyens; mais le génie de la liberté protégeait la France contre leurs efforts liberticides. La tranquillité publique fut aussi fortement troublée pendant trois jours à Avignon.

La convention chargea les comités de Gouvernement de lui faire un rapport sur la proposition de laisser sortir ou de déporter du territoire de la république française tous ceux qui ne voulaient pas de son Gouvernement ou qui machinaient pour le renverser. Les séances des 23 et 24 vendémiaire dévoilèrent une trame habilement ourdie, et déjouèrent des complots. Des explications dissipèrent les nuages qui, depuis quelque tems, semblaient obscurcir des réputations qui paraissaient jusqu'alors pures. Le rapport présenté à la convention le 23, au nom des comités de Gouvernement, sur une correspondance entretenue de Paris à Bâle, démontra que l'agitation des sections provenait d'une impulsion donnée par des mains étrangères. A la suite de ce rapport, l'assemblée se forma en comité général. Le 24, le représentant Louvet, à la tribune, peignit un député, Rovère, comme un agent de l'étranger, arrivant à la convention tout couvert du sang de la glacière d'Avignon, se faisant l'un des plus grands directeurs du 31 mai, puis après la chûte de Robespierre, se couvrant d'un voile de justice et d'humanité, se glissant dans les comités de Gouvernement pour en contrarier les opérations, pour en divulguer les secrets et instruire les ennemis de la république, créer au comité de sûreté-générale une police particulière, inventant des complots ridicules, afin d'avilir la représentation nationale et lui faire perdre la confiance du peuple, dirigeant, appaisant à son gré les mouvemens d'une jeunesse égarée qui résistait, en messidor, aux décrets de la convention, excitant, prolongeant les massacres qui, depuis plus de six mois, ensanglantaient le Midi, et faisant ajourner sans cesse les mesures de repression et de châtiment, appelant sans relâche la division dans l'assemblée, imaginant et accréditant les bruits les plus absurdes sur les membres les plus énergiques du Gouvernement, appuyant, même au sein de la convention, les outrages que des meneurs de sections venaient lui faire à sa barre, enfin, correspondant, dans les derniers troubles, avec les ennemis de l'extérieur et de l'intérieur.

Les reproches adressées à un autre représentant, *Saladin*, le faisaient voir comme complice du premier, comme instrument de ses desseins. On lui reprocha d'avoir, dans sa mission au Jura, bouleversé ce département et fait le voyage à Bâle; d'avoir, à Paris, dans une réunion de députés, calomnié le gouvernement et appuyé les sections, de s'être peint comme une victime, d'avoir sonné l'alarme et demandé une garantie. Des accusations de ce caractère exigeaient une réponse précise, les accusés étaient absens, et la convention toute entière prononça leur arrestation. La convention prorogea les conseils militaires pour les coupables du 13 vendémiaire, jusqu'au 5 brumaire.

Les agens des puissances étrangères se portèrent par-tout à des excès. Les faits contenus dans une pétition des habitans des départemens méridionaux, qui fut lue à la convention dans la séance du 27 vendémiaire an 4, en fut la preuve. Cette pétition était ainsi conçue:

Citoyens représentans, il est pénible pour des hommes qui ont connu le malheur comme nous, de venir déchirer vos cœurs sensibles par le récit des horreurs qui ont ravagé le Midi ; mais il est tems de renverser la barrière que l'intrigue la plus basse et la scélératesse la plus déhontée ont osé élever entre des républicains et leurs représentans. Il est tems de dire toute la vérité à la convention, afin qu'elle fasse écrouler, par des loix équitables, l'échafaudage qu'on a bâti sur le mensonge.

Quelles sont les mesures qui ont été prises par ceux qui commandaient à Marseille, à l'époque où des brigands armés en partirent pour se rendre à Aix, époque où Marseille avait quatre mille hommes de troupes républicaines ? Aucunes mesures ne furent prises; les cannibales marchèrent pendant sept heures, sans que les remords et l'approche des assassinats les rappelassent à l'humanité.

Premier fait. Les portes des cachots sont enfoncées. Le premier spectacle qui s'offrit aux yeux de la bande, fut la citoyenne

Fassy qui allaïtait un enfant de quatre mois. Elle serrait cette innocente victime, croyant que les meurtriers, saisis de respect, reculeraient d'horreur. On lui arrache son fils, on savoure la rage par des insultes, on lui brûle la cervelle, on la met en pièces. Ce n'est pas assez : les femmes Bourdon et Cavalle eurent le même sort, ainsi que quarante-deux détenus, compagnons de leur captivité. Ces hommes consommaient leurs crimes aux cris de vive la convention ! vive la république ! Un seul prisonnier, détenu pour avoir vendu de faux assignats, qui criait à tue tête : Messieurs, je ne suis pas terroriste, je suis un marchand de faux assignats, fut épargné et mis en liberté.

Deuxième fait. Lorsque les Toulonnais égarés, dont les seules intentions étaient de venir délivrer les prisonniers de Marseille, se mirent en marche, il s'est passé un trait que les races futures ne croiront jamais. Quatre-vingts matelots déserteurs des vaisseaux de guerre, tous Bretons et Bordelais, presque nuds et sans armes, furent rencontrés par l'avant-garde des

Marseillais et le général Pathon : arrêtons ces misérables, nous ferons sonner que nous avons arrêté l'avant-garde des terroristes ; la renommée grossissant toujours les évènemens, donnera de la cohérence aux compagnies du Soleil, de Jésus, et nous organiserons le massacre sur tous les points de la république. Ce qui fut dit fut exécuté ; les malheureux furent conduits par six hussards ; jugez de leur force.

Le lendemain de cette prétendue victoire, on retira la garde des républicains du fort Saint-Jean, et on y mit des Marseillais émigrés rentrés. Aussi cette journée fut un jour de carnage. Des canons à mitrailles furent tirés dans les cachots ; les cadavres ensanglantés se roulaient sur les cadavres expirans, et vingt-quatre heures se passèrent sans que l'on donnât à manger aux restes des vivans, qui avaient pour spectacle les morts, les blessés, qui furent ensuite submergés dans les flots de la mer.

La convention a fait justice de Carrier, la France entière attend justice, les ombres errantes crient vengeance; il faut que les grands coupables soient atteints.

Troisième fait. A Tarascon, les exécutions se sont faites avec une barbarie inconnue jusqu'à ce jour. Des chaises furent placées sur la chaussée qui va de Tarascon à Beaucaire : elles furent occupées par les prêtres réfractaires, par les dévotes, par les émigrés rentrés; et ensuite, du haut de la tour, qui a au moins deux cents pieds, on précipita soixante-cinq républicains sur un rocher, où ils étaient moulus; et ces scènes sanglantes étaient couvertes d'applaudissemens. Chaque cadavre qui était ensuite jeté dans le Rhône, avait une étiquette en bois, tenue par un poignard, où étaient écrits ces mots : Il est défendu d'ensevelir, sous peine de la vie.

Nous ne vous parlerons pas des scènes sanglantes de Célon, Lambesc, Saint-Cana; nous ne vous dirons pas qu'à Aiguille, village voisin, dont les émigrés allaient à la chasse des républicains, l'on se demandait publiquement : *Mais non, seulement six.* Nous ne remettrons pas sous vos yeux qu'à Manosque, à Digue, à Sisteron, l'on a assassiné, mais que l'on a enterré vivant le citoyen Basseau, père de deux chefs de bataillon qui sont devant Mayence, et qui sont l'honneur de l'armée.

Nous ne vous parlerons pas du curé de Barbantane, qui, pour être constitutionnel, fut jeté dans la Durance, pieds et poings liés. Nous vous demandons l'arrestation du général Pathon, à qui les émigrés rentrés ont donné un sabre à monture d'or, ainsi que l'arrestation des grands coupables. Nous vous demandons aussi la destitution de tous les employés qui ont figuré dans les compagnies du Soleil et de Jésus.

Nous espérons qu'il se levera dans cette assemblée autant de Las-Casas qu'il y a de représentans, pour punir les Pisaro, les Gusman, les Cortez qui ont incendié le Midi.

Cette pétition fut renvoyée au comité de sûreté générale.

Si, pendant la révolution, la justice eût été exactement suivie, si les coupables eussent été légalement et juridiquement punis, par les magistrats qui étaient chargés par la loi de poursuivre le crime, et qui parurent, quelques-uns, souffler et animer la fureur, les pages de l'histoire de la révolution de la France ne seraient pas souillées de toutes ces horreurs. A Marseille, à Tarascon, à Aix, dans le département des Bouches-du-Rhône; à Avignon, à Lisle, dans le département de Vaucluse; à Nisme, dans le département du Gard; à Sisteron, dans le département des Basses-Alpes; à Toulon, dans le département du Var; à Montélimar, dans le département de la Drôme, et partout ailleurs, on n'aurait pas lutté de crimes avec les assassins.

La convention rendit, le 29 vendémiaire an 4, un décret portant que les représentans dans ces départemens étaient expressément chargés de faire arrêter et traduire les assassins devant les tribunaux. Le degré d'effervescence qui caractérisa tous les troubles des contrées du Midi, remonte au 14 juillet 1789. Ce qui, dans tout autre pays, faisait une sensation légère, enflammait les têtes méridionales, et devenait le signal de quelques vengeances, ou d'une insurrection. A Paris, on huait les aristocrates; dans le midi de la France, on les pendait.

Après le 10 août, les bataillons sortis de Marseille pour partager la victoire qui détermina la chûte de la royauté, n'eurent pas de peine, dans l'ivresse de leurs succès, d'exciter l'irrascibilité d'hommes faciles à s'enflammer, et lorsque la convention eut donné à toute la France le signal d'une scission, ce fut pour le Midi celui des massacres et des proscriptions. Là encore plus que par-tout ailleurs, le systême de répandre le sang avait de nombreux partisans, et cela devait être ainsi dans un pays où les lumières sont moins universellement répandues.

Après le 31 mai, le Midi, armé d'abord pour venger les principes et la liberté, finit par se jeter dans les bras de leurs plus irréconciliables ennemis. Plusieurs membres du comité central des sections de Marseille entretinrent des relations avec l'amiral anglais, Hood, qui venait d'entrer dans Toulon qui lui fut livré. Les preuves en furent dans une déclaration adoptée par toutes les sections, à l'exception de celle n°. 11. Par cette délibération, des commissaires furent chargés d'aller implorer la générosité de l'amiral anglais, et de lui demander des subsistances. Une autre pièce encore plus importante, et certifiée par des membres du comité central des sections, fut la réponse de l'amiral anglais, qui consentit à accorder tous les soulagemens qui seraient en son pouvoir, à condition que la royauté serait proclamée, que les forts lui seraient livrés, et que le drapeau blanc serait arboré.

La reprise de Toulon, le siége et le sac de Lyon, les horreurs qui se commirent dans ces deux villes, celles exercées à Bédouin dont les ruines, ainsi que les victimes du tribunal d'Orange, et les places publiques de Marseille accuseront éternellement le député qui les commanda, formèrent un tableau des excès où peuvent se porter les passions dans le cœur de certains hommes, lorsqu'ils ont le pouvoir en main.

L'effet du 9 thermidor fut de produire, dans le Midi, le contre-coup de ce grand évènement qui délivra la France du joug sous lequel elle gémissait.

Jamais d'aussi longs malheurs n'avaient donné lieu à de plus cruels ressentimens; des loix justes succédaient à une législation révolutionnaire; le sang ne coulait plus, tout reprenait une nouvelle vie. Mais les actes arbitraires des préposés du Gouvernement révolutionnaire offraient, aux ennemis de la république, un avantage qu'ils s'empressèrent de saisir, et il leur devint facile de persuader, à des citoyens exaspérés, que république et terreur étaient synonimes. En outre, on était généralement convenu de qualifier du nom d'anarchistes et de terroristes tous ceux qui, de bonne-foi attachés à la patrie, rejetaient le régime de Gouvernement d'un seul, et voulaient le régime républicain, une constitution et la liberté.

Des jeunes gens, dont les parens avaient été mis à mort sous le Gouvernement révolutionnaire, égarés par ceux qu'une ancienne haine armait contre la république, se formèrent en compagnies, se répandirent dans les communes, massacrant les uns, incarcérant les autres, répandant par-tout la terreur et la mort.

La réaction eut ausi ses journées de septembre, et les fleuves ne tardèrent pas à porter, dans la Méditerranée, les cadavres des prisonniers égorgés à Marseille, au Pont-Saint-Esprit, à Nismes, à Tarascon, à Lambesc, et dans presque toutes les grandes communes. Leçon terrible pour les législateurs qui seraient par la suite assez imprudens pour armer une partie des citoyens contre l'autre, et qui ne sentiraient pas que c'est à une force essentiellement neutre, qu'il faut attribuer l'exécution des mesures répressives.

La réaction qui s'opéra depuis le 9 thermidor, n'aurait pas eu, dans le Midi, des suites aussi funestes, et n'eût pas dépassé les bornes qu'il était de l'intérêt du Gouvernement de lui poser, si une longue impunité n'eût violemment exaspéré les esprits; si une résistance imprudente, de la part des élémens d'un parti, n'eût aigri le ressentiment; si des loix impolitiques, en devenant des instrumens de vengeance et de persécution, n'eussent facilité, aux ennemis

ennemis de la république, les moyens de diriger contre elle-même les mesures qu'elle croyait de sa sagesse de prendre ; si le Gouvernement, faisant tout par lui-même, et ne laissant rien faire aux individus, n'eût pas en quelque sorte toléré l'existence de ces bandes armées qui firent couler tant de sang ; si des tribunaux sagement institués, composés d'hommes impartiaux et attachés aux principes de la révolution, eussent régularisé la vengeance nationale, à laquelle on devait satisfaction ; si, enfin, les autorités n'eussent pas été composées d'hommes trop irrités par les changemens nécessaires qui s'étaient opérés pour n'être pas souvent injustes et incapables de tenir la balance égale entre tous les partis.

Si, depuis, le remède à ces maux ne fut pas appliqué, on ne doit pas l'attribuer aux obstacles qu'il eût fallu surmonter. Ce retard fut la cause du réarmement des amnistiés, et sur-tout de ceux qui se distinguèrent le plus par leurs excès. Aussi, dès le moment de son installation, le directoire exécutif, annonçant des intentions pures et droites, prit les moyens de faire naître et diriger dans ces contrées l'esprit public dans la ligne constitutionnelle, fit tout ce qu'exigeaient la politique, l'intérêt du commerce, et la prospérité générale dans le Midi, et vit, avec tous les ennemis du royalisme et de l'anarchie, que le tems était enfin arrivé, où les idées de la justice et de la véritable liberté devaient enfin percer les ténèbres qui couvrirent si long-tems la France.

Le 30 vendémiaire an 4, la convention rendit un décret portant création d'une commission de cinq membres, chargée de sauver la patrie. La création de cette commission donna de l'inquiétude pour l'établissement du corps législatif, fixé au 5 brumaire suivant. Le 4 dudit mois, il fut prononcé une amnistie pour tous les délits révolutionnaires, excepté le vol et l'assassinat. Le même jour, il fut aussi rendu un décret portant qu'à dater de la paix générale, la peine de mort serait abolie dans la république française; enfin, le même jour, à deux heures et demie, la convention termina sa session comme convention nationale, et, un moment après, les membres réélus se réunirent au corps électoral, sous la présidence du doyen d'âge.

Le 6 brumaire an 4, le corps législatif opéra sa division en deux conseils. Le conseil des anciens, constitué sous la présidence du doyen d'âge, à l'élection de son bureau. Le représentant Laréveillère-Lépaux fut nommé président. Le lendemain, on élut les messagers d'Etat. Le 8, le conseil des cinq cents procéda à la formation d'une liste de candidats, destinée à être présentée au conseil des anciens, pour l'election des membres qui devaient composer le directoire exécutif. Les deux conseils s'annoncèrent réciproquement qu'ils étaient définitivement constitués. On nomma, pour composer le directoire exécutif, les citoyens Letourneur, Laréveillère-Lépaux, Rewbell, Barras et Sieyes; mais, le représentant Sieyes ayant donné, le 11 brumaire, sa démission de membre du directoire exécutif, le représentant Carnot fut nommé à sa place. Ensuite, le conseil des cinq cents résolut la mise en liberté des députés décrétés d'arrestation à l'occasion des évènemens du 13 vendémiaire. Il se forma en comité général pour traiter des finances.

Aussitôt formé, le directoire exécutif, pour faire connaître au peuple français son installation, arrêta que la proclamation suivante serait faite aux Français :

Français, le directoire exécutif vient de s'installer. Résolu à maintenir la liberté ou à périr, sa ferme volonté est de consolider la république, et de donner à la constitution toute son activité et toute sa force.

Républicains, comptez sur lui, son sort ne sera jamais séparé du vôtre ; l'inflexible justice et l'observation la plus stricte des loix seront sa règle. Livrer une guerre active au royalisme, raviver le patriotisme, réprimer d'une main vigoureuse toutes les factions, et éteindre tout esprit de parti, anéantir tout desir de vengeance, faire régner la concorde, ramener la paix, régénérer les mœurs, r'ouvrir les sources de la reproduction, ranimer l'industrie et le commerce, étouffer l'agiotage, donner une nouvelle vie aux arts et aux sciences, rétablir l'abondance et le crédit public, remettre l'ordre social à la place du cahos inséparable des révolutions, procurer enfin à la république française le bonheur qu'elle attend; voilà la tâche de vos législateurs et celle du directoire exécutif: elle sera l'objet de la constante méditation, et de la sollicitude des uns et des autres.

De sages loix, secondées par les mesures les plus promptes et les plus énergiques, amèneront bientôt l'oubli de nos longues souffrances.

Mais tant de maux à réparer, et tant de biens à faire, ne peuvent être l'ouvrage d'un jour. Le peuple français est juste et loyal: il sentira que, dans la confusion où se trouve l'Etat, au moment où son Gouvernement nous est confié, nous avons besoin du tems, du calme et de la patience, et d'une confiance proportionnée aux efforts que nous avons à faire. Elle ne sera pas trompée cette confiance, si le peuple ne se laisse plus entraîner aux suggestions perfides des royalistes qui renouent leurs trames, des fanatiques qui embrâsent sans cesse les imaginations, des sang-sues publiques qui calculent toujours sur nos misères.

Elle ne sera pas trompée, si le peuple n'attribue pas aux autorités nouvelles des désordres amenés par six ans de révolution, qui ne peuvent se réparer qu'avec le tems; elle ne sera pas trompée, si le peuple se rappelle que, depuis plus de trois ans, chaque fois que les ennemis de la république, profitant du sentiment de nos maux, ont exaspéré les esprits et occasionné des mouvemens, sous prétexte d'en diminuer le poids, ces agitations n'ont eu d'autre effet que d'augmenter le discrédit, et d'éloigner la reproduction et l'abondance, qui ne peuvent être que le fruit de l'ordre et de la tranquillité publique.

Français, vous n'entraverez pas un Gouvernement naissant; vous n'exigerez pas de lui, dès son berceau, tout ce qu'il peut faire quand il aura acquis toute la vigueur dont il est susceptible; mais vous seconderez, avec sagesse, les efforts toujours actifs, et la marche imperturbable du directoire exécutif vers le prompt établissement du bonheur public, et bientôt vous vous assurerez irrévocablement, avec le titre glorieux de républicains, la paix et la prospérité nationale.

Cet acte de sagesse fut le premier qui émana du pouvoir exécutif qui devait s'attendre aux entraves que mettraient aux rouages du Gouvernement, dès sa naissance, tous les partis intéressés à en arrêter le mouvement, parce que ce mouvement devait être enfin le commencement de l'ordre, et le terme de l'anarchie et de la fureur.

Lors de l'établissement du Gouvernement, on répandit, à Paris, les bruits les plus inquiétans. On chercha à tourmenter l'opinion par des craintes, par des projets, par de nouvelles intrigues.

D'une part, on assurait que ceux qu'on avait désignés sous le nom de terroristes formaient des rassemblemens fréquens, dont on indiquait les points de réunion.

On alla même jusqu'à nommer les principaux acteurs, parmi lesquels on distinguait des personnages connus pour la part qu'ils ont eue aux mouvemens révolutionnaires, et qui avaient été mis en arrestation ou en jugement. Leur dessein n'était rien moins, disait-on, que de renverser le Gouvernement actuel, de rétablir la constitution de 1793, et avec elle la loi du *maximum*, et cet appareil de terreur qu'ils regardaient comme le véritable caractère de la force du Gouvernement.

D'un autre côté, on semait des nouvelles fâcheuses sur la position de nos armées sur le Rhin. On parlait de revers et de défaites. On s'autorisait du silence du Gouvernement, pour fortifier ou exagérer ces inquiétudes. Un jour, on destituait le général Pichegru ; un autre jour, on le disait bloqué, prêt à être fait prisonnier.

Les circonstances, il est vrai, ne servaient que trop les projets des agitateurs. La disette des subsistances, leur cherté excessive, le discrédit des assignats, l'embarras des finances, les calculs de l'agiotage et de la cupidité, une sorte de lassitude et de dégoût qui se composaient des maux présens et des craintes de l'avenir; tout semblait se réunir pour ranimer les espérances de chaque parti.

Les partisans de la terreur disaient au peuple : vous étiez plus heureux sous le régime de Robespierre; vous ne manquiez de rien, et vous aviez tout à meilleur marché. Le glaive ne frappait ou n'épouvantait que les aristocrates; aujourd'hui, ce sont les patriotes que l'on opprime.

Les royalistes disaient à leur tour: cette détresse et ces angoisses n'existaient pas sous la monarchie. Vous n'étiez pas sans cesse le jouet de l'inconstance et du caprice des malveillans qui ne cherchent qu'à calquer leur fortune sur la ruine publique. Vous n'étiez pas sans cesse balottés par la fureur et l'anarchie; vous ne dépendiez que d'un seul; et, en suivant les loix que lui ou ses ayeux avaient établies, vous n'aviez rien à craindre; au lieu qu'à présent, vous flottez entre l'incertitude du sort qui vous attend, et celle de voir la fin des maux que fait naître la disette. L'ordre et l'abondance ne naîtront auprès de vous, que quand vous aurez un chef.

Chacun croyait trouver, dans le Gouvernement naissant, une proie facile à dévorer. On insinuait, dans certains écrits, que la constitution n'était qu'une constitution aristocratique, bonne seulement pour les riches et les puissans; dans d'autres, on s'efforçait à affaiblir la confiance dans le nouveau Gouvernement.

La position du directoire exécutif était infiniment délicate. S'il eût choisi ses agens parmi ceux qui avaient appartenu à un systême auquel on avait reproché tant d'excès, les citoyens qui pensaient que le Gouvernement ne pouvait s'affermir que par un choix éclairé dans les moyens, et un grand respect pour l'opinion, se seraient inquiétés et l'auraient censuré.

Si le directoire eût choisi dans un parti contraire, ceux qui se regardaient comme les seuls patriotes l'auraient accusé de faiblesse et d'aristocratie, tandis que les ennemis de la constitution et du Gouvernement se seraient applaudis en secret de tout ce qui eût pu exciter des divisions et nourrir les mécontentemens.

Ce fut cette alternative qui fit que tous les partis se flattèrent de trouver dans le directoire des dispositions favorables à leurs projets. Ces mêmes dispositions, chacun espéra les rencontrer aussi dans le corps législatif. Delà, ces calculs d'opposition et ces défiances qui entretinrent l'esprit de parti et devinrent le germe toujours renaissant de nouvelles révolutions.

Les causes de toutes dissensions se trouvèrent dans cet esprit de parti politique qui sans cesse éloigna du véritable point civique, et dans cette série continuelle d'actions et de réactions qui en furent la suite. Le parti des démagogues produisit la coalition connue sous la dénomination de la Gironde, et du choc qu'ils se livrèrent, sortit le régime révolutionnaire, qui mit la France dans la stupeur jusqu'au 9 thermidor.

Sortant d'une longue oppression, pour éviter la terreur, on s'approcha de la faiblesse; aussi il en résulta une réaction nouvelle, parce que les partis ont cela de funeste, qu'ils se nourrissent long-tems de leur injure, et que, de tous les sacrifices que l'on peut attendre de la vertu des hommes, le dernier et le plus difficile est celui de l'amour-propre blessé.

Telle fut la cause des agitations sourdes et des mouvemens qui se préparaient et qui étaient favorisés par ceux pour qui le règne des loix et de l'ordre était le tombeau de leur ambition, par ceux qui ne pouvaient trouver de sûreté que dans le trouble, en faisant entendre que le malheur des tems était l'ouvrage de ceux qui gouvernaient alors, et enfin par ceux qui ne voulaient pas vivre sous un Gouvernement qui devait faire justice de l'immoralité et des crimes.

Le 6 frimaire, M. Carletti, ministre du grand-duc de Toscane, écrivit au ministre de l'intérieur, pour demander à faire une visite de compliment à la fille de Louis XVI, en présence de tous ceux qu'on jugerait à propos, de peur de s'exposer à des reproches, d'autant plus qu'on pourrait supposer que ses opinions politiques lui auraient suggéré de se dispenser de cet acte de devoir auprès d'une parente du grand-duc, avant son départ.

Le ministre de l'intérieur fit réponse à M. Carletti qu'il n'avait pas entendu parler de la nouvelle dont il l'entretenait dans son billet; qu'il soumettrait au directoire sa demande, et qu'il s'empresserait de lui faire part de sa décision.

Le directoire, après avoir pris connaissance de la note de M. Carletti, présentée par le ministre de l'intérieur, arrêta que toute communication officielle cesserait à l'instant entre M. Carletti et le Gouvernement français, et que néanmoins le ministre des relations extérieures continuerait de communiquer avec la légation toscane, par l'organe du premier secrétaire de légation, qui serait considéré comme chargé d'affaire pour tous les objets qui pouvaient intéresser les deux nations; que la démarche du Gouvernement français était entièrement personnelle à M. Carletti; que le directoire espérait qu'elle n'altérerait en rien la bonne union qui régnait entre les deux Gouvernemens, et qu'enfin le Gouvernement français verrait avec plaisir que son altesse lui envoyât tout autre ministre que M. Carletti, pour continuer à resserrer les liens de l'alliance.

Le ministre des relations extérieures envoya au citoyen Miot, ministre de la France auprès du grand-duc de Toscane, toutes les pièces, pour qu'elles fussent présentées au grand-duc.

Cet acte de vigueur, de la part du Gouvernement français, fut trouvé trop sévère par les uns, qui prétendaient qu'il s'était mis trop légèrement au-dessus des convenances; parce qu'un simple refus eût dû suffire, si la demande du ministre de Toscane eût paru indiscrette. Les autres conjecturèrent, d'après la nature des circonstances, que la demande du comte Carletti n'était que le motif apparent de la conduite du Gouvernement à son égard.

Les représentans Camus, Quinette, Bancal, Lamarque, livrés aux Autrichiens par Dumourier, se présentèrent, le 12 nivôse an 4, au conseil des cinq-cents. Ils furent conduits au bureau du président, qui les invita à prendre place.

Il fut rendu un décret portant que les

assignats ne seraient admis dans le département de la Seine que jusqu'au 15 nivôse, et dans les autres départemens, jusqu'au 30, sur le pied de cent pour un; qu'on ne pourrait payer ensuite qu'en or, argent ou grains; que les assignats provenant de l'emprunt seraient brûlés; que les forêts seraient alliénées pour 30 ans, et que les maisons de la ci-devant liste civile et des princes seraient vendues. L'armée d'Italie ayant fait présent de sa solde, le conseil des anciens approuva la résolution qui ordonnait la mention honorable de ce trait de désintéressement.

Les préparatifs de la campagne qui devait succéder se faisaient par toute la France avec l'activité la plus grande. Quelle que pût être la détermination des puissances étrangères, sur les négociations de paix qui se faisaient pendant l'armistice, elles devaient trouver dans le Gouvernement français la même énergie qui lui avait donné la victoire en défendant sa cause. Il y avait dans le port de Toulon quinze vaisseaux de ligne prêts à mettre à la voile, et qui devaient sortir vers le 25 nivôse.

Le directoire ne négligea rien dans les mesures qui préparent les succès militaires : recrutement, approvisionnemens de toute espèce, habillemens pour les troupes, magasins fournis, moyens de charrois perfectionnés et rendus plus assurés, rien ne manqua aux armées, rien ne devait arrêter l'ardeur des guerriers, au moment que la cessation de l'armistice devait ouvrir la nouvelle campagne.

Cette attitude imposante et fière n'empêcha pas que les vieux généraux ne fussent pour la paix ; mais elle devait du moins empêcher que la coalition ne s'abusât encore ou ne fut abusée sur la véritable situation de la France, et elle aurait dû déterminer les coalisés à céder au besoin qu'ils avaient eux-mêmes d'arriver à une prompte et juste pacification. La réquisition de tous les chevaux de luxe et du trentième cheval de labour, devait être décrétée, de sorte que la cavalerie, l'artillerie et les chasseurs de l'armée ne devaient plus éprouver la disette de chevaux. Tandis que ces dispositions se faisaient pour les armées, toutes les mesures possibles étaient mises en en usage pour comprimer dans l'intérieur toutes les manœuvres de la malveillance, et pour mettre un frein aux fureurs cruelles de l'agiotage.

Le vœu général de toutes les puissances du continent était bien prononcé pour la paix; mais le ministère anglais montrait un contraste trop évident entre le desir d'une pacification qu'il avait fait annoncer par le roi, et le besoin qu'il croyait avoir lui-même de continuer la guerre. Il faisait répandre par ses papiers affidés, que le Gouvernement français formait des demandes exagérées et tout-à-fait incompatibles avec la dignité de l'Angleterre et l'honneur des puissances coalisées. Il s'évertuait à prouver que, quels que fussent les évènemens qui pourraient s'opérer sur le continent, le sort de l'Angleterre était tout entier dans ses mains, et que ses intérêts particuliers pouvaient être aisément séparés de ceux des autres puissances, d'autant plus que la nation anglaise s'intéressait peu au continent de l'Europe.

Cette politique un peu dégagée des principes qui avaient fait armer la grande majorité de l'Empire germanique était certainement peu propre à concilier au ministère britannique la confiance de ses alliés et même des puissances neutres. Son résultat infaillible aurait dû être d'isoler la Grande-Bretagne de toutes les autres nations de l'Europe, et doit finir par porter un coup mortel à son commerce, et accélérer le moment de faire tomber ce systême de tyrannie maritime qui foule toutes les nations qui en éprouvent les effets. Ce despotisme des mers aurait dû tellement choquer les nations, qu'elles auraient dû voir dans leur réunion un moyen efficace de s'en affranchir pour toujours. Pour secouer le joug de la suprématie des mers, qui n'a pour base, d'un côté, que l'orgueil et des prétentions sans fondement qui rencontrèrent à leur origine peu de résistance, et d'autre côté, que l'insouciance et le peu d'accord des peuples maritimes du continent entr'eux, il ne faudrait qu'opposer à la marine de l'Angleterre les forces navales de l'Espagne, celles de la Hollande ayant la consistance qu'il importe à sa sûreté et à son bonheur d'avoir, et celles de la France n'ayant plus à combattre aucun autre ennemi que l'Angleterre, parce que la Suède et le Dannemarck pourraient ensemble opposer à la Russie, alliée de la Grande-Bretagne, une marine supérieure à celle du Czar, dans l'hypothèse d'une déclaration de sa part en faveur de l'Angleterre.

Comme puissance du second ordre, l'Angleterre a eu dans tous les tems un motif bien pressant d'entretenir la guerre sur le continent, parce qu'elle trouva sa sûreté et l'aggrandissement de sòn commerce dans la désunion des puissances du premier ordre, qui auraient pu l'affaiblir ou même l'envahir. Quand la Grande-Bretagne n'aurait rien à craindre de la paix, pour sa puissance et son influence politique, elle a toujours à redouter pour son commerce et ses manufactures.

Vu en grand, le commerce a un caractère de générosité, et par sa nature n'est rien moins qu'hostile; pour prospérer, il veut que les acheteurs et les vendeurs prospèrent. Mais le commerce de monopole, qui est celui de l'Angleterre, est par sa nature ennemi de l'égalité et hostile envers toutes les nations qui commercent. Si la paix régnait long-tems en Europe, l'industrie des peuples commerçans qui sauraient se passer des manufactures anglaises, leur porterait un grand coup. Aussi c'est pour prévenir la chûte de son empire artificiel, que le cabinet britannique a soin d'alimenter son commerce par la guerre, et la guerre par son commerce.

Au moyen de ce trafic, là où on refuse à l'Angleterre les matières premières, où elle ne peut établir un monopole, elle fait la guerre et détruit. « Comme nation guerrière, a dit Franklin, l'Angleterre aime les conquêtes; comme nation ambitieuse, elle convoite la domination; et comme nation commerçante, elle est avide d'un gain excessif ». L'Angleterre s'est formé un empire immense aux Indes-Orientales, par les mêmes moyens que les Espagnols firent autrefois la conquête de l'Amérique; et elle domine par son pavillon aux Indes-Occidentales, depuis le détroît de Magellan, jusqu'à celui de

Hudson, et exclusivement dans la mer du Sud.

Dans les Grandes-Indes, le Gouvernement d'Angleterre est propriétaire, marchand et souverain. La banque de Londres paraît être la banque du Gouvernement; les directeurs de la compagnie des Indes et de la banque paraissent être les prête-noms et les agens du roi d'Angleterre; les Nabads et les habitans de cette riche contrée sont ses sujets. Mais, si les puissances de l'Europe cessaient de se soumettre à ne consommer que des marchandises de l'Inde, importées sur des bâtimens anglais, l'Angleterre verrait disparaître ses moyens immenses pour asservir les Indes, pour exciter et payer les guerres du Continent de l'Europe, et dominer sur les mers.

C'est au Gouvernement de France à renverser le despotisme commercial de l'Angleterre, afin qu'on ne dise plus que les Français ne savent que s'entrebattre et battre l'ennemi; c'est encore une tâche que le directoire a à remplir. Un traité, fondé sur l'égalité et l indépendance du commerce des nations, sera une vraie conquête pour chacune d'elles, sur le Gouvernement anglais ennemi des manufactures et de la paix dès continentaux. Ce traité couperait, dès sa racine, le germe de toutes les guerres sur le Continent.

L'évènement arrivé au comte Carletti, ministre plénipotentiaire du grand-duc de Toscane auprès du directoire de France, ne surprit point, dès qu'il fut connu à Florence. La Cour se comporta, en cette occasion, comme elle devait le faire. Elle regarda cette affaire comme personnelle au comte Carletti, et s'empressa, pour maintenir la bonne intelligence entre les deux Gouvernemens, de lui nommer un successeur dans la personne du comte Corsini, qui partit aussitôt pour Paris, avec de simples lettres de recommandation, devant incessamment y recevoir ses lettres de créance.

A la place du comte Carletti, le grand-duc de Toscane envoya, auprès du Gouvernement français, Don Veri Corsini, en qualité de son ministre plénipotentiaire.

Arrivé à Paris, ce ministre prononça, le 10 pluviôse an 4, au directoire exécutif, le discours suivant : citoyen président, je viens déposer dans vos mains le gage de la confiance dont son altesse royale, le grand-duc de Toscane, m'a honoré, en me chargeant de résider près du directoire exécutif, en qualité de son ministre plénipotentiaire et envoyé extraordinaire. Je n'apporte ici que la franchise de la jeunesse, le dévouement d'une personne qui est sincèrement attachée au systême politique que le Gouvernement toscan a eu la sagesse d'adopter, le sentiment du respect et de l'estime la plus marquée pour le Gouvernement de la république française, et pour les individus qui sont investis des pouvoirs émanés de la nation elle-même ; voilà les seuls titres que je puis, que je veux faire valoir auprès de vous, pour mériter votre confiance. Je me crois heureux de représenter ici un prince qui, depuis le commencement de la guerre actuelle, s'est armé du bouclier de la raison et de la philosophie, pour surmonter tous les préjugés, et qui n'a jamais songé, et qui ne songe à d'autres liens politiques, qu'à ceux que la justice, le droit des gens, et le bonheur de son peuple lui prescrivent; qui a reconnu formellement le Gouvernement républicain, aussitôt que le vœu sacré du peuple français lui a été connu; qui, contraint de renoncer momentanément à son systême de politique par une violence connue de toute l'Europe, et à laquelle il lui était impossible de résister, n'a été que pendant un mois l'ennemi apparent de la France; (allusion aux premières démarches que le Gouvernement de Toscane fit, dès cette époque, pour entamer une négociation); qui, franchissant tous les obstacles, a recherché de nouveau son amitié; qui n'a cru avoir atteint le but de ses desirs, qu'en renouant avec elle les liaisons précieuses qui doivent contribuer au bonheur des deux Etats.

Quoiqu'on ne puisse rien ajouter à la loyauté du caractère du grand-duc de Toscane, j'aime à renouveller en son nom, au directoire exécutif, les assurances les plus positives que sa volonté et ses principes sont invariables, et qu'il n'est empressé qu'à lui donner des preuves de la sincérité des sentimens dont il est animé.

Quant à la démarche faite par mon prédécesseur, démarche que le Grand-Duc avait jugée depuis long-tems incompétente en elle-même, et contraire aux instructions qu'il lui avaient données, le désaveu formel que mon Gouvernement en a fait, et l'empressement qu'il a mis à m'envoyer près de vous, sont une marque éclatante de la considération qu'il a pour la république et la nation française.

Je m'attends à une parfaite réciprocité de votre part; cette attente est fondée sur les maximes sacrées du droit public que la république française a proclamées, et sur la conduite qu'elle a constamment suivie, en se faisant une vraie gloire de respecter indistinctement tous les Gouvernemens et toutes les nations qui lui sont restés fidèlement attachés. Je ne puis donc douter que le directoire exécutif ne soit empressé de saisir toutes les occasions qui se présenteront de donner au Grand-Duc de nouvelles marques d'une confiance qu'il a droit d'exiger, et d'effacer tout ce qu'il pourrait y avoir eu de désagréable dans les circonstances dont l'affaire de mon prédécesseur a été accompagnée.

Je ne puis finir mon discours d'une manière plus conforme aux vœux de mon sonverain, qu'en vous assurant que je n'ai d'autre desir que de voir la paix, l'abondance et la félicité régner sur la France.

Le président du directoire fit la réponse dont suit la teneur : M. le ministre plénipotentiaire du grand-duc de Toscane,

Le directoire exécutif a entendu avec intérêt l'expression de vos sentimens, et l'assurance que vous lui donnez de l'attachement de votre Gouvernement à la république française. Cette déclaration solemnelle est un nouveau gage de l'union et de la bonne harmonie que le directoire exécutif desire entretenir avec le grand-duc de Toscane.

Autant le Gouvernement français déploiera de force et d'énergie contre les ennemis de la liberté et de l'indépendance nationale, autant les Gouvernemens qui se rapprocheront de lui, avec franchise et loyauté, doivent compter sur sa bienveillance et son amitié.

Puisse bientôt luire sur l'Univers ce beau jour pour l'humanité et la philosophie, où les puissances aveuglées sur leur propre intérêt, renonçant enfin au fol et chimérique espoir de ravir au peuple français la liberté qui lui est plus chère que la vie, réuniront dans cette enceinte les rameaux d'olivier qui manquent encore au faisceau de l'union générale de tous les peuples!

Dans cette audience publique, deux d'entre les cinq directeurs étant indisposés, les trois autres étaient entourés des sept ministres. Le ministre des relations étrangères introduisit l'ambassadeur du grand-duc de Toscane, qui était accompagné des secrétaires de légation, auprès des membres du directoire.

Le directoire envoya un message au conseil des cinq cents, pour annoncer que le 30 pluviôse, conformément au décret, les instrumens qui avaient servi à la fabrication des assignats, seraient solemnellement brûlés. Il annonça encore qu'il croyait pouvoir assurer que la masse des assignats, montant à quarante-cinq milliards, était déjà diminuée d'un quart de cette somme, par la rentrée de l'emprunt forcé. Le directoire fut chargé de prononcer sur les demandes en radiation de la liste des émigrés.

Comme dans les diverses associations de citoyens, qui s'étaient formées à Paris sous différens titres, patriotiques, la dictature, la constitution de 1792, celle de 1793, et la loi agraire trouvaient des partisans dans plusieurs de ces réunions, le directoire demanda une loi qui déterminât les bornes dans lesquelles ces associations devaient se renfermer. Cette demande servit à faire connaître deux classes de citoyens; ceux qui voulaient la constitution de 1795, et ceux qui ne la voulaient pas. La clôture de ces réunions fut ordonnée.

Le Gouvernement français, par une spéculation très-avantageuse à la France, permit l'exportation des huiles en pays étrangers. Comme l'Italie éprouvait un grand besoin de cette denrée, on la tira de France avec empressement, quoiqu'elle payât un droit de sortie de cinq livres par rub ; droit qui rapporta de très-grands profits à la France. La balance du commerce avec l'Italie commença à reprendre un peu son équilibre avec la France.

Le 28 ventôse an 4, il fut rendu un décret portant création de deux milliards quatre cents millions de mandats destinés à rembourser les assignats à trente capitaux pour un ; et la loi déclarant l'or et l'argent marchanchise, fut rapportée. Le directoire demanda au conseil des cinq cents, de donner aux mandats nouvellement créés, cours forcé de monnoie.

Tandis que le directoire prenait les mesures les plus vigoureuses pour faire triompher par-tout la France, attacher les Français à la constitution qu'ils venaient d'accepter, et pour faire succéder la paix et le repos aux différentes tourmentes qui avaient tant agité la France, des citoyens mettaient tout en œuvre pour renverser la constitution de 1795 qu'ils n'aimaient pas, et la remplacer par celle de 1793 qu'ils préféraient. Informé de tous les mouvemens qui s'opéraient par-tout, le directoire envoya, le 21 floréal an 4, au conseil des cinq cents, un message conçu en ces termes :

Un vaste complot devait éclater demain à la pointe du jour. Le corps législatif, le directoire, les ministres, les chefs de l'armée de l'intérieur devaient être égorgés ; le pillage et le massacre devaient étendre leurs ravages sur cette grande cité ; les conjurés ont été saisis dans leur repaire. Le représentant Drouet se trouvant parmi eux a été saisi en flagrant délit. Le directoire demande la faculté de faire apposer les scellés sur ses papiers. Un ordre du jour motivé, unanimement adopté, accorda cette faculté au directoire. Un second message du directoire demanda l'expulsion de Paris, sous peine de déportation, sous vingt-quatre heures, de tous les ex-membres de la convention, des fonctionnaires publics et militaires destitués, des étrangers et des prévenus d'émigration non rayés définitivement et qui n'avaient pas leur domicile à Paris. Les demandes du directoire furent converties en loi. Le conseil des cinq-cents mit à la disposition du directoire, pour dépenses ordinaires, extraordinaires et secrètes, cent millions en papier. Le lendemain, 25 floréal, le directoire envoya au conseil une copie certifiée des principales pièces trouvées chez Babœuf. Le directoire fit une proclamation aux Français, au sujet des projets de Babœuf et de ses partisans.

Le directoire fut autorisé à faire approcher à une distance moindre de six myriamètres, ou douze lieues, les corps de troupes destinés à remplacer ceux qui s'en étaient éloignés. Ces troupes nouvelles ne devaient pas excéder dix mille hommes. Le conseil des cinq-cents déclara ensuite qu'il y avait lieu à accusation contre le représentant Drouet, et le renvoya, en conséquence, devant la haute-cour de justice, dont le siége fut à Vendôme. L'organisation de cette cour fut arrêtée au conseil des cinq-cents le 4 thermidor. Il fut en outre décidé que les jugemens de la haute-cour de justice ne seraient pas sujets à recours en cassation.

Le sang ayant coulé à Marseille, le 1er. thermidor, et dans la ville d'Aix, dans la nuit du 3 au 4, le directoire exécutif rendit un arrêté le 10, qui chargea le ministre de la justice de poursuivre, par toutes les voies de droit, les assassins du commissaire exécutif, qui étaient deux des commissaires de police nommés par l'administration municipale provisoire d'Aix, et qui furent destitués par le même ministre, et de faire punir, conformément aux loix, les provocateurs aux désordres et aux meurtres.

A qui appartenaient tous ces crimes? Est-ce l'anarchie, est-ce le royalisme qui les enfantait? La nature des évènemens, le choix des victimes, l'accord des mesures entre ces deux factions, le mépris des autorités constituées, les dangers qu'elles coururent, tout porta à croire que ces deux partis agirent de concert pour opérer la guerre civile, ou tout au moins verser du sang, n'importe comment, sauf, après
les

les succès, à se disputer entr'eux le terrein.

Ce fut la pusillanime immobilité de la convention nationale, sur les premiers assassinats de Lyon, qui en prolongea le cours dans le midi de la France. Occupée des dangers qui l'environnaient, des attentats qui se commettaient jusque dans son sein, elle fixa trop tard son attention sur les contrées du Midi. L'impunité de crimes atroces y en produisit de plus horribles encore. Les magistrats, abandonnés à eux-mêmes, les tolérèrent, en devinrent les complices et les victimes, ou furent impuissans pour les punir. La terreur d'abord, et ensuite le royalisme, fermèrent tour-à-tour la bouche aux juges, aux victimes et aux témoins.

C'est à l'instant même que le crime exerce ses fureurs, qu'il faut le réprimer. Cette vérité est applicable à tous les cas; elle reçoit une nouvelle force de la nature des délits, des intentions, des causes et des lieux. Dans un pays ensanglanté par les excès de toutes les factions, il était nécessaire de rappeler promptement les magistrats et les citoyens à l'exécution des loix : il était urgent de rattacher d'une main puissante, au centre du Gouvernement, des pays dans lesquels il y avait toujours plus d'esprit d'indépendance que de liberté, et où les partis, déjà enhardis par l'éloignement du pouvoir suprême, étaient dans le cas de se fortifier de son inaction, de sa faiblesse ou de sa lenteur. Si on transige avec les factions, si on tarde à briser leur ouvrage, toutes les parties administratives tendent à leur dissolution, au milieu du débordement de toutes les passions. Dans un Gouvernement sage, il faut que l'autorité intervienne promptement dans les dissensions, que le crime soit frappé, de quelque masque qu'il se couvre, que tous les citoyens soient également sous l'égide salutaire de la loi, et que la paix intérieure soit pour tous le premier bienfait du Gouvernement.

On fit tramer à Paris un nouveau complot contre la constitution républicaine adoptée par les Français. Malgré les mystères dont les auteurs s'enveloppèrent, leurs démarches furent éclairées. Des hommes puissans, désespérant de réussir à renverser le Gouvernement, en se montrant à découvert, voulurent essayer de mettre le royalisme en avant et tenter, sous ces couleurs, un mouvement dont ils auraient su profiter. Ils firent réunir, dans différentes maisons du faubourg Antoine, un nombre de trois ou quatre cents hommes armés de sabres, de pistolets, et quelques-uns de fusils. Le signal devait être donné sur les trois heures du matin du 11 fructidor an 4, par l'explosion de plusieurs pétards tirés dans les différens quartiers de Paris. On devait jeter dans les rues quantité de cocardes blanches, et répandre l'alarme, en criant que les royalistes assassinaient les patriotes, voulaient détruire la république et rétablir le trône.

Le projet était de faire évader les détenus dans les différentes maisons d'arrêt et de détention, de renverser le Gouvernement, de massacrer certains membres du corps législatif, une partie du directoire et des ministres, et de faire disparaître la constitution de l'an 3. Les détenus au Temple devaient partir dans la nuit pour le lieu destiné à la haute-cour de justice, on voulut donner à entendre que des conciliabules composés d'anciens membres des comités révolutionnaires se tenaient dans différentes maisons, pour aviser aux moyens de les sauver, et que l'un d'eux, au moment de leur départ pour Vendôme, dit à ses co-détenus : « Le fil est tendu, ils y seront pris, et ils ne s'y attendent pas ».

Les signaux annoncés furent donnés; mais il n'y eut aucun désordre et la tranquillité publique ne fut point troublée. Certains hommes voulurent former des grouppes et profiter de ces circonstances pour égarer le peuple, en lui donnant des inquiétudes sur sa liberté; mais ces grouppes n'eurent aucun succès, et le peuple ne se laissa pas tromper, parce qu'il vit bien que les craintes qu'on voulait lui inspirer étaient chimériques. Un placard l'invitait à se rallier autour d'un drapeau blanc, pour rétablir la royauté. La tournure de cette affaire fit voir qu'elle n'était que l'ouvrage d'hommes qui avaient des desseins perfides.

Le projet fut d'exciter un soulèvement, en aigrissant le peuple par l'exposé des maux qu'il souffrait, en rejetant tous ces malheurs sur le Gouvernement.

Un des moyens sur lesquels on comptait le plus, était de se diviser en deux colonnes, dont l'une professerait le royalisme le plus outré, et tâcherait de recruter les émigrés cachés et les royalistes de toutes les classes; alors, on devait faire main basse sur tous ceux qui professaient l'attachement à la constitution et l'obéissance aux loix. La seconde colonne devait se retirer au moment du combat, et laisser agir la première. Elle avait ordre de ne pas se montrer pour le moment, d'attendre et de saisir l'instant où la manœuvre aurait réussi. On devait donner une certaine solemnité au 25 août, jour de la Saint-Louis. Le coup ne produisit aucun des effets qu'on en attendait. Le peuple, convaincu qu'on ne s'était servi de lui que pour qu'il devînt le jouet des différens partis et la victime de leur fureur, excédé en outre des excès auxquels on l'avait fait porter, resta calme et ne prit aucune part à ces mouvemens, qui ne produisirent pas l'effet qu'on desirait.

Ce défaut de succès ne fit pas lâcher prise aux ennemis secrets de la république. Dans la nuit du 23 au 24 fructidor an 4, environ cinq cents personnes se présentèrent au camp de Grenelle, sous Paris, dans le dessein de fraterniser avec les soldats du camp, en criant vive la république, que les soldats répétèrent. La générale fut battue de la droite à la gauche du camp. Il fut tiré quelques coups de pistolets. Les dragons et soldats arrêtèrent environ cent vingt de ces personnes, qui furent jugées par une commission militaire. Une partie fut condamnée à être fusillée, une autre à être déportée, et le reste fut renvoyé absous. D'après l'exposé des défenseurs officieux qui leur furent accordés, soit que ces défenseurs officieux fussent au fait de la vérité, soit qu'ils eussent des soupçons fondés, il parut constant que ces individus furent mis en avant par quelques hommes en place qui voulaient, par leur entremise, exciter des troubles dans Paris, afin d'entraver la marche du Gouvernement, et qu'ils furent les dupes de certains agens puissans qui restèrent derrière la toile, sans se montrer, parce que le résultat ne fut pas tel qu'ils l'avaient espéré. Ce qu'il y eut de certain, c'est que le ministre de la police, Cochon, n'en avertit le Gouvernement que le lendemain de l'exécution, et donna pour excuse qu'il avait voulu laisser faire le coup, pour prendre les coupables d'une manière plus sûre.

La conspiration de Brottier, Lavilleurnois, etc. fut suivie sans aucune précaution. On s'imaginait que le Gouvernement alors existant en France n'était qu'un vain nom, et qu'on pouvait sans crainte travailler, même sous ses yeux, à le renverser pour relever la couronne. On voulut même que la ruine du directoire servit de degré pour monter au trône. Si Babœuf fut condamné à mort, les conspirateurs royaux eurent la vie sauve.

Un génie infernal préparait toutes ces commotions, les renouvelait sans relâche et en soudoyait les instrumens. La coalition était presqu'entièrement dissoute, les armées françaises étaient par-tout victorieuses ; l'empereur, seul ennemi puissant que la France eût sur le continent, était menacé jusqu'au cœur de l'Allemagne et aux portes de Vienne. Ses Etats pouvaient être démembrés, sa puissance anéantie, l'Empire était prêt à échapper de ses mains, et cependant il s'obstinait à ne pas demander la paix. Il fallait qu'il conservât des espérances, qu'il comptât sur des dissensions intestines en France ; il fallait qu'il fût certain qu'on travaillât sourdement pour ses intérêts dans le sein même du Gouvernement de la France ; il fallait qu'il fût assuré que l'or de l'Angleterre et de l'Autriche, qui fut tant de fois répandu en France depuis sa révolution, paierait encore le crime. Il fallait, pour fomenter des troubles, qu'il se fût adressé en secret au seul qui avait eu une grande influence, qui avait montré un esprit de suite invariable dans ses desseins cachés, au seul qui, sous une couleur populaire, avait conservé, même après la constitution, un intérêt à part dans la république, quoiqu'il occupât une de ses premières places.

Il se monta encore plusieurs coups pour renverser la constitution et le Gouvernement ; mais le génie de la France, qui veillait à sa conservation et à celle de la liberté, les protégea contre toutes les atteintes de l'intrigue et de la malveillance. Le feu sacré de la patrie ne brûla pas en vain dans le cœur de la majorité des directeurs. Fidèles à leur serment, ces ardens défenseurs des droits de l'homme cassèrent d'une main énergique le marché qui devait livrer la France et les Français à la servitude, coupèrent le mal dès sa racine, et vengèrent la république de la perfidie de ces parjures.

CHAPITRE II.

Mécontentement général des habitans de l'isle de Corse. Insurrection dans toute l'étendue de cette isle. Motif de l'accusation contre M. Colonna. Embarras des Anglais à cause de cette insurrection. Echange des prisonniers dans cette isle. Sortie du port de Toulon d'une division de six vaisseaux de ligne et de trois frégates. Adresse de Paoli aux Corses. Le parlement de Corse convoqué par les Anglais pour le 15 octobre. Départ de Paoli. Son intention de se retirer à Londres. Croisière de la flotte anglaise. Refus de payer dans la Corse les impositions établies par les Anglais; les suites de ce refus. Fin de la session du parlement Corse. Négociation des Anglais avec le bey d'Alger, relativement aux Corses. Nouvelle insurrection dans l'isle. Ses suites. Projets des insurgens. Le général Gentil et plusieurs officiers corses passent de Gênes dans l'isle de Corse. Effets que produit leur passage sur les esprits.

TANDIS que ces évènemens se passaient dans le sein de la France, dans l'isle de Corse, le mécontentement général des habitans éclata par une insurrection dans toute l'isle. Il fut publié une proclamation le 7 du mois d'août 1794. Depuis plusieurs mois, M. Colonna fut inculpé d'avoir, dans une fête donnée à Ajaccio, au vice-roi, dont il était adjudant, mis en pièce le buste du général Paoli. Aussitôt, à Rustino, lieu du domicile de Paoli, et dans les districts voisins, le peuple ameuté brûla l'effigie de M. Fozzodiborgo, président du conseil d'état, mis avec Paoli hors la loi, par la convention nationale. Le peuple assaillit en outre les magasins à sel; l'on entendit des voix crier qu'il ne fallait pas payer les impositions votées par le parlement.

Le vice-roi manda immédiatement, à Ajaccio, le conseiller Ballestrino, et lui ordonna de faire des enquêtes juridiques sur les imputations faites à M. Colonna. Le vice-roi donna aussi les ordres nécessaires pour le maintien de la tranquillité dans le royaume. En même tems on fit partir de Bastia pour Corté, le bataillon du lieutenant-colonel Giappietri, dont on suspectait plusieurs officiers et soldats.

Le 10 août, il se présenta des députés des insurgés, accusant MM. Colonna et Fozzodiborgo d'avoir mis en pièce le buste et d'avoir brûlé la tête de maure qui était l'enseigne de la Corse; de n'avoir pas protégé le commerce, ni garni les places, ni fondé une université; enfin, d'avoir sur-tout malversé dans l'administration des fonds publics.

La réponse du vice-roi fut des plus fermes, protestant hautement qu'il protégerait toujours les innocens et n'abandonnerait jamais à l'envie ni aux excès des passions privées, des serviteurs fidèles à leur souverain.

L'insurrection de l'isle de Corse embarrassait les Anglais, à l'égard de la diversion qu'elle pouvait causer dans les opérations de leur escadre dans la Méditerranée ; car il était incontestable qu'on ne pouvait l'appaiser qu'au moyen d'une force navale. Malgré cette insurrection, l'échange des prisonniers faits dans cette isle, s'effectua. La gabarre l'*Utile* en ramena un grand nombre dans le port de Toulon, et la corvette la *Caroline* était partie pour en aller chercher d'autres en Corse.

Une division de six vaisseaux et trois frégates partit à neuf heures du soir, de Toulon, le 29 fructidor an 3. Le hasard la favorisa. La brise n'était pas forte, et à la pointe du jour les vaisseaux ne furent plus signalés, ce qui prouva qu'ils avaient fait plus de chemin qu'on n'imaginait.

Les Anglais, instruits sans doute de cette expédition, vinrent pendant trois jours croiser devant Toulon ; ils s'approchèrent si fort que le boulet des batteries arrivait à bord. Le brick français le *Hasard* eut le bonheur de se sauver du milieu de la flotte anglaise, quoique le bruit eût couru que les Anglais s'en étaient emparés.

Tout était tranquille dans ce pays. La constitution y fut acceptée, ainsi que par l'armée navale et par la troupe, sans aucune restriction pour les décrets des 5 et 13 fructidor.

Le général Paoli ne se sentant pas en forces suffisantes dans l'isle de Corse, contre les Anglais, fit aux Corses une adresse dans laquelle il témoigna son desir de vivre loin des partis, et dans la soumission à sa majesté britannique. Les Pièves, insurgées contre les Anglais, montrèrent plus de courage. Elles opposèrent aux troupes que l'on envoya contre elles la plus vigoureuse résistance. Ces Pièves en imposèrent à leurs ennemis.

Les Anglais devaient convoquer, pour le 15 octobre 1794, le parlement de Corse, qu'ils devaient remplir de membres livrés à leurs volontés. L'élection des municipalités s'était faite dans quelques lieux. Les sujets qui avaient été nommés étaient en général dévoués au Gouvernement anglais. Les vrais Corses gémissaient et attendaient avec le silence de l'espérance, l'instant où ils pourraient être délivrés du joug qu'on leur imposait. Ils s'attendaient que les beaux jours de la liberté renaîtraient pour eux, et déjà son enthousiasme ranimait les cœurs de ceux qui s'étaient réfroidis pour elle.

La frégate française la *Caroline* arriva de l'isle de Corse à Toulon, le 15 vendémiaire, avec un échange de quatre cents soixante prisonniers. A son départ, la flotte anglaise, aux ordres de l'amiral Hotham, entrait dans le golfe de Saint-Florent. Le général Paoli quitta l'isle de Corse et arriva le 20 octobre 1794, de Saint-Florent à Livourne, sur le vaisseau le *Dauphin*, de quarante-quatre canons. Le prétexte de ce voyage de Paoli fut d'aller passer le reste de ses jours à Londres; mais, dans le fait, il paraissait qu'on l'éloignait de son pays pour mieux y affermir la domination anglaise. L'escadre anglaise se mit en croisière à la hauteur de l'isle de Corse. Elle attendait le convoi britannique qui devait arriver dans la Méditerranée, et delà se rendre dans le port de Livourne, dans lequel il était entré un convoi nombreux de bâtimens chargés de grains, la plupart venant d'Afrique et d'Egypte.

Une frégate française partit en parlementaire, de Toulon pour Saint-Florent, avec des prisonniers anglais qu'il était question d'échanger, et arriva à Livourne. Comme il n'y avait plus de prisonniers français dans l'isle de Corse, il fut convenu qu'à la première occasion, les Anglais en rendraient un nombre égal à celui qu'on leur rendait. La frégate française ne put obtenir, à Saint-Florent, ni le tems de faire de l'eau, ni celui de rafraîchir ses vivres, tant on craignit qu'elle n'eût l'intention de prendre connaissance des forces de terre de l'Angleterre dans l'isle de Corse.

Quoique le ministre britannique fit de grandes dépenses dans cette ville, les Anglais y étaient détestés, et on en trouvait souvent d'assassinés sur les routes par les habitans; c'est ce qui détermina l'Angleterre à envoyer en Corse trois régimens étrangers, après l'arrivée desquels tous les régimens corses devaient être licenciés,

et

et ceux de l'Angleterre devaient se rendre à Gibraltar.

Le général Paoli, parti de l'isle de Corse, arriva à Londres le 3 janvier 1795, ou 13 nivôse an 4, et fut présenté au roi d'Angleterre; il pria sa majesté de recevoir ses hommages comme son sujet, attendu qu'il était bien déterminé à ne plus retourner en Corse et à finir ses jours en Angleterre. Ce ne fut là ni la conduite, ni le langage d'un héros de la liberté. Cet homme si vanté parut beaucoup plus fait pour vivre paisiblement des bienfaits d'un monarque, que pour affronter les orages d'un Etat naissant, qui lutte pour conquérir sa liberté.

La plus grande partie des Pièves, dans la Corse, s'obstinèrent à ne pas vouloir payer les impositions établies par les Anglais. Un détachement de six cents hommes marcha contre les insurgés et mit leur chef en arrestation. Persuadé que la rigueur ne pourrait qu'accroître le mal, le Gouvernement rendit la liberté à tous ceux qui avaient été arrêtés. La fermentation, dans l'isle, alla tous les jours en augmentant, et les Anglais s'y trouvèrent dans une situation critique. Un régiment corse, à la solde britannique, prit les armes à Corté, contre un régiment anglais. L'ayant attaqué, il le mit en fuite, après lui avoir tué ou blessé trente hommes et fait plusieurs prisonniers. Les Anglais battus se réfugièrent à Bastia, où ils étaient assassinés en détail.

Le parlement Corse termina sa session sans prendre aucune détermination ; il ne s'occupa que de dîmes, de colléges et de séminaires, encore tout se réduisit à des projets. L'escadre anglaise, aux ordres de l'amiral John Jervis, croîsait à la hauteur du Cap-Corse.

Aussitôt maîtres de l'isle de Corse, les Anglais avaient entamé des négociations, relativement à cette isle, avec le bey d'Alger, et ces négociations se terminèrent. Le précis des articles arrêtés portait : Il sera permis aux Algériens de conduire leurs prises dans l'isle de Corse, et de les y vendre publiquement. Il sera expédié chaque mois, de Corse, un bâtiment courier qui ira chercher à Alger les lettres ou les avis de commerce ou particuliers; les Anglais ne pourront, sous aucun prétexte, s'emparer de ce qui sera trouvé sur un bâtiment algérien; en cas que la propriété du bâtiment forme l'objet d'une contestation, il en sera référé au bey, qui décidera.

Les Algériens accordèrent la liberté à tous les esclaves corses, et la faculté d'aller à la pêche dans les environs de la côte. Par suite de cet arrangement, le bey tira une traite sur le vice-roi de Corse, montant à la somme de cent soixante-dix-neuf mille piastres d'Alger, indépendamment d'une autre somme de vingt-quatre mille piastres, pour le paiement d'une cargaison de grains prise par les Anglais, qui était une propriété algérienne, sous pavillon suédois. Cette traite fut soldée à l'instant. Les Anglais firent présent au bey d'un schebec armé de dix-huit canons. De son côté, l'altesse barbaresque fit de riches présens au secrétaire lord Croul.

Il est constant que les Gouvernemens, pour la plupart, comme les particuliers, n'obéissent qu'au seul intérêt. C'est dans la combinaison de ces mêmes intérêts qu'il faut chercher les principes politiques de toutes les puissances, pour leurs traités et leurs alliances.

Une nouvelle insurrection éclata, vers la fin de germinal an 4, dans plusieurs endroits de l'isle de Corse, et le drapeau tricolor y fut arboré. Les habitans de Borgogaone ne voulant pas payer les contributions, le gouverneur envoya quatre cents hommes de milice pour les y contraindre. Aussitôt il se fit un rassemblement de près de trois mille paysans, qui enveloppèrent les quatre cents hommes, les désarmèrent et les renvoyèrent, en gardant trois principaux officiers qu'ils fusillèrent. Après cet acte d'insurrection, les paysans, ayant à leur tête un député au parlement, nommé Tuvera, coupèrent quantité de pins et barrèrent les chemins par où on pouvait pénétrer dans leurs cantons. Plusieurs autres cantons suivirent l'exemple de ceux de Borgogaone, et tout l'intérieur de la Corse se souleva. Le vice-roi requit les habitans du Cap-Corse et de Bastia de marcher contre les rebelles; mais ils refusèrent. Un bataillon corse qu'on voulait faire embarquer pour Ajaccio, se dispersa au moment de l'embarquement. Les habitans de Nabbio formèrent un camp, interceptèrent les farines qu'on envoyait dans d'autres villes, et furent d'intelligence avec les habitans de Saint-Florent, qui étaient aussi en insurrection. Dans ce dernier port, des magasins considérables furent incendiés, et des patriotes corses parvinrent, à la faveur de la nuit et à l'aide de chemises souffrées, à brûler entièrement le vaisseau le *Ça ira*, que les Anglais avaient pris ci-devant aux Français.

Les Suisses que l'Angleterre avait engagés pour l'isle de Corse, et qu'on avait fait passer, aussitôt leur arrivée, à Ajaccio, avaient passé sur les terres du pape, et étaient partis en dernier lieu de Civita-Vecchia. La résidence de ces troupes dans l'Etat ecclésiastique, put donner la mesure de la neutralité du saint-père. Les dispositions connues des Corses, donnèrent beaucoup d'inquiétude aux Anglais. La révolte éclata aussi à Bastia, et les habitans s'étant emparés, par stratagême, des armes appartenant aux troupes anglaises, se portèrent à différens excès contre le gouverneur.

Le nombre des insurgens s'étant considérablement augmenté, Zampolino, qui les commandait, les fit marcher sur Corté et s'en empara, ainsi que du fort. Ils y arborèrent le drapeau tricolor : cette conquête fut pour eux d'une grande importance, parce qu'ils y trouvèrent des munitions dont ils manquaient, et qu'ils purent plus aisément recevoir des secours de France. Les deux tartannes parties de Marseille, et chargées de poudre et d'armes, arrivèrent dans l'isle à bon port.

Le vice-roi partit de Bastia à la tête d'un corps de troupes, pour aller attaquer les insurgens, qui le laissèrent avancer vers Corté, et interceptèrent les convois de vivres destinés pour les Anglais.

Les Corses, trompés par Paoli, parurent se réunir de bonne-foi au parti français, et il ne resta aux Anglais que les places de guerre. Les Anglais avaient, à la vérité, des forces suffisantes pour dissiper des montagnards mal armés; mais comme ils ne pouvaient se fier aux habitans des villes, ils n'osèrent les dégarnir, et ils furent bientôt réduits à rester sur la défensive.

Les insurgens eurent le projet d'attaquer Saint-Florent, parce que les anglais, perdant ce poste, étaient obligés de quitter la Méditerranée, tous les ports d'Italie leur étant fermés par les Français. Ce qui encouragea les Corses à l'insurrection, ce fut de savoir que des Corses étaient à la tête des armées françaises dans l'Italie; qu'ils faisaient trembler toutes les puissances de cette contrée, quoique vigoureusement secourues par l'empereur, et que ces armées étaient par-tout victorieuses. Ils crurent que la république française n'abandonnerait jamais la Corse.

Plusieurs officiers corses, et entr'autres le général Gentile, passèrent de Gênes dans l'isle de Corse. Ils allèrent pour se mettre à la tête de leurs compatriotes qui avaient repris les armes, et qui devaient s'en servir d'une manière efficace, aussitôt qu'ils reverraient à leur tête des chefs auxquels ils étaient attachés et qui jouissaient de leur confiance. Une adresse énergique des

Corses républicains réfugiés en France, circula dans toute l'isle, et l'on n'eut aucun doute qu'elle ne préparât heureusement les esprits à une entreprise en faveur de la liberté. Tous ces moyens produisirent l'effet qu'on en attendait. Les efforts des Corses ne furent pas vains, et les Anglais furent obligés d'abandonner cette conquête, qu'ils n'avaient obtenue, suivant leur usage, que par la voie d'une trahison semblable à celle qui les avait rendus maîtres de Toulon.

CHAPITRE III.

Conduite de la république de Venise. Manière de vivre de Monsieur, frère de Louis XVI, à Vérone. Plaintes du ministre des relations extérieures à l'ambassadeur de Venise, au sujet du séjour accordé au ci-devant comte de Provence et aux émigrés, dans les Etats de Venise. Réponse de l'ambassadeur, au nom du Gouvernement vénitien. Injonction faite au ci-devant comte de Provence de sortir des Etats de la république de Venise. Conditions qu'il met pour s'en aller. Son départ pour l'armée de Condé. Ordre donné à tous les émigrés de quitter le territoire vénitien. Approche des armées belligérantes, de ce territoire.

QUOIQUE la république de Venise parut tranquille spectatrice des évènemens multipliés qui se passaient autour d'elle, cette république n'en conservait pas moins dans son sein les émigrés qui s'imaginaient avoir les prétentions les plus fortes sur la France comme sur les Français. La Cour de Monsieur, qui était à Vérone, ressemblait absolument à celle de Louis XVI, son frère, pour l'intrigue, et le moment approchait où le résultat en devait être le même. Le lord Makerteney en était parti pour retourner à Londres, et y avait laissé un Anglais accrédité pour payer les mois de subsides et entretenir la correspondance. On observait que ces subsides pouvaient cesser bientôt. Les anecdotes dénoncées contre d'Entraigues avaient causé ses disgraces, et il parlait de quitter le séjour de Venise.

La vie privée de Monsieur, frère de Louis XVI, consistait à se lever d'assez bonne heure. Dès huit heures du matin, il était paré selon l'ancienne étiquette, décoré de ses rubans et ceint de son épée, qu'il ne quittait que pour se mettre au lit. Il passait une grande partie de l'avant-midi à écrire, et alors il n'était visible que pour son chancelier, Flachslauden. Sa table était frugale. Après-dîner, il donnait quelques audiences, et ensuite il s'enfermait chez lui, où on l'entendait se promener en long et en large avec beaucoup d'agitation. Ses esprits se calmaient vers le soir, et il se réunissait à ses courtisans, pour entendre quelques lectures. Son palais paraissait être celui de l'ennui; toutes les figures y étaient brillantes, mais on y remarquait un air de défiance et de tristesse. Il ne sortait jamais et ne rendait aucune visite à Vérone, ni dans les environs.

Son embonpoint était toujours excessif; il était souvent tourmenté de fluxions. Il lisait exactement le Moniteur et les autres principaux papiers publics qui s'imprimaient en France et qui lui parvenaient par Milan. Il portait toujours le nom de comte de Lille, et lorsqu'un émigré présenté lui donnait le titre de majesté, de profonds soupirs s'échappaient de sa poitrine. Sa Cour était réduite à peu de personnes habituées, Flachslauden, Préci et le ci-devant marquis de Jaucourt. Il envoya à la Vendée

Damas, Hautefort et Montagnac. D'Avaray était très-souvent en activité, et il était presque toujours en course. On ne lui reconnaissait de revenus fixes que les dix mille livres par mois que lui faisait passer la Cour d'Espagne; et comme son épouse jouissait d'une pareille pension, on supposait qu'elle lui en remettait une partie. La Cour de Vienne lui avait ouvert un crédit de deux cents mille florins sur Venise; mais ce crédit ayant été bientôt épuisé, ne fut pas renouvelé.

La correspondance était devenue active depuis deux mois, entre l'Allemagne et l'Italie, par la voie de la Suisse. Le Mont-Saint-Bernard fut traversé jusqu'à quatre fois en six jours, par les couriers allant et venant. Ceux qui partaient de Gênes arrivaient à Verrano le quatrième jour. Ceux qu'on expédiait de Milan ou de Turin se détournaient pour aller prendre les dépêches à Vérone, et c'était ordinairement des émigrés.

Si les projets des émigrés avaient porté ombrage et donné quelques inquiétudes au Gouvernement français, du côté de la

Suisse, son ministre des relations extérieures, Charles Delacroix, marqua quelque surprise au noble Querini, ministre de la république de Venise auprès du directoire, sur l'asyle dont jouissait le ci-devant comte de Provence, dans les Etats de cette république. Le noble Querini en fit part au sénat, qui lui ordonna de répondre en substance : Que la république vénitienne ne refusant jamais l'hospitalité à qui que ce fut, se tenait néanmoins dans les bornes des bons égards ; que, d'ailleurs, l'ancien comité de salut-public avait témoigné au sénat sa satisfaction de ce que le ci-devant comte de Provence se tenait plutôt dans les Etats vénitiens qu'ailleurs ; qu'il se flattait que le directoire exécutif voudrait bien, à cet égard, ne point s'écarter des principes et des sentimens déclarés par l'ancien comité de salut-public.

Cette explication, provoquée par le ministre des relations extérieures, sans employer les formes officielles, lui fut transmise de même, et parut suffisante.

Les victoires remportées par les Français

en Italie firent impression sur l'esprit des Vénitiens. Le marquis Carlotti, noble véronais, fut chargé, de la part du sénat de Venise, d'aller signifier au frère de Louis XVI, Monsieur, que l'asyle qui lui avait été accordé à Vérone cessait, et qu'il fallait qu'il sortît des Etats de la république dans le plus court délai.

A cette notification, qui lui fut faite directement, sans en avoir été prévenu par aucun avis, et sans y avoir été préparé par aucun intermédiaire, Monsieur répondit : Je partirai, mais j'exige deux conditions ; la première, qu'on me présente le livre d'or, où ma famille est inscrite, afin que j'en raye le nom de ma main ; la seconde, qu'on me rende l'armure dont l'amitié de mon ayeul, Henri IV, a fait présent à la république.

Cette réponse déplut au noble vénitien Pringli, podestat de Vérone. Il protesta contre elle, et le lendemain il renvoya le même noble véronais porter au roi sa protestation.

J'ai répondu hier, dit Monsieur, à ce que vous m'avez déclaré au nom de votre

Gouvernement : vous m'apportez aujourd'hui une protestation de la part du podestat, je ne la reçois pas; je ne recevrai pas davantage celle du sénat. J'ai dit que je partirais, je partirai en effet, dès que j'aurai reçu les passeports que j'ai envoyé chercher à Venise; mais je persiste dans ma réponse; je me la devais, et je n'oublie pas que je suis le roi de France.

En conséquence, Monsieur prit, le 2 floréal an 4, la route de l'armée de Condé. Il devait y arriver comme gentilhomme français, et y rester en cette qualité, jusqu'à ce qu'il put y paraître différemment, sans blesser les considérations politiques qui le retenaient à Vérone. Vers la fin du jour, il arriva, le 3 floréal, à Lugano, dans le plus grand incognito, accompagné seulement du comte d'Agoult et d'un autre officier, et suivi de deux domestiques. Il prit son logement à l'auberge, ne reçut absolument personne, et le lendemain à la pointe du jour il continua sa route pour la Suisse.

Aussitôt après la nouvelle que les Français, par-tout victorieux, approchaient des frontières de la république de Venise, le Gouvernement vénitien donna des ordres pour faire sortir de son territoire tous les émigrés français. Il s'occupa des mesures propres à maintenir le bon ordre et la tranquillité en terre ferme, où il y avait beaucoup de mécontens. On devait nommer un provéditeur-général; son autorité devait être très-étendue; il devait exercer une espèce de dictature, prendre toutes les résolutions que les circonstances lui paraîtraient exiger, sans dépendre d'aucun tribunal, et résider à Vérone. On devait nommer le noble Zaccarie Valaresso, homme ferme, pour remplir cette place importante.

L'approche des armées, du territoire de Venise, ayant excité l'attention du sénat, il s'assembla extraordinairement et fut en séance permanente pendant trois jours, pour délibérer si on mettrait sur pied une force armée pour faire respecter la neutralité. Les débats furent très-vifs; les jeunes sénateurs opinèrent pour cette mesure de vigueur; mais les anciens ayant prouvé qu'il était impossible de réunir un

nombre

nombre suffisant de troupes pour s'opposer, soit aux Autrichiens, soit aux Français qui voudraient passer par les Etats de Venise, il fut arrêté qu'il n'y aurait de force armée que pour maintenir la tranquillité dans l'intérieur du pays.

CHAPITRE IV.

Ouverture des théâtres de Rome. Plusieurs corps de cavalerie napolitaine se rendent dans le Milanais par les Etats du pape. Les victoires des Français causent de vives alarmes aux Cours de Rome et de Naples. Edit et ordonnance du cardinal Vincenti. Invitation aux quatre princes romains de porter leur argenterie à la monnaie. Le pape se décide à entrer en négociation avec le général français, par l'entremise du ministre espagnol. Le cardinal abbé Mauri passe en Russie. Prières publiques ordonnées à Naples. Ordre de lever une armée de soixante-dix mille hommes. Promesses faites à ceux qui s'enrôleront. Les évêques, les curés et les prédicateurs chargés d'exciter le zèle du peuple napolitain. Inquiétude et fermentation parmi le peuple romain. Les princesses françaises se disposent à quitter Rome.

Fausse nouvelle apportée par un moine dans la Romagne. Consternation dans Rome. Nomination de ministres plénipotentiaires pour se rendre à Paris, après avoir obtenu un armistice. Ordre donné par le pape pour un inventaire des effets d'or et d'argent des églises, afin d'effectuer les paiemens stipulés dans les clauses de l'armistice. Suspension de l'effet de l'édit concernant l'argenterie des églises. Négociation d'un emprunt à Gênes. Le pape ordonne des prières publiques et promet des indulgences. Miracles opérés à Rome, dans Ancone, etc. Edit pour que les Français soient bien traités dans Rome. Interprétation donnée aux miracles par le pape. Arrivée du ministre français à Rome. Soumission des corps ecclésiastiques relativement à l'argenterie. Arrivée du citoyen Cacault à Rome. Paiement d'une partie de la contribution. Conférences chez le ministre espagnol à Rome. Imprudence du pape. Départ précipité des Français, de Ferrare. Conduite du pape dans cette ville.

Insulte faite aux commissaires français à Rome. Prévention à Rome contre les nouvelles des succès des Français. Les Français y sont encore insultés. Ordre de respecter les Français. Renvoi du fiscal Barberi. Le ministre français demande la punition des auteurs des insultes. Conduite des partisans des Autrichiens dans la ville de Pavie. Mort du commandant de Cassal-Maggiore. Le ministre français enjoint au général Acton, ministre de Naples, de retirer ses troupes des frontières du pape. Réponse de la Cour de Naples. Départ de Rome, du légat de Ferrare. Conditions de paix rejetées par le pape. Le Gouvernement de Rome fait des préparatifs de guerre.

TANDIS que la république de Venise, trop faible pour empêcher le passage de ses Etats à deux armées dont une seule, quoique vaincue, aurait encore été en état de la contraindre, se mettait en mesure pour maintenir sa tranquillité dans son sein, à Rome, la politique ecclésiastique fit ouvrir les théâtres, ce qui n'avait pas eu lieu depuis trois ans; mais on prohiba la représentation de toute tragédie. Se relâchant aussi du systême de rigorisme, qui faillit plusieurs fois avoir des suites fâcheuses, le pape permit les plaisirs du carnaval nécessaires pour les Italiens de Rome.

Plusieurs corps de cavalerie napolitaine traversèrent l'Etat ecclésiastique, pour se rendre dans le Milanais par la marche d'Ancône et la Romagne. Il fut nommé par le pape un commissaire, pour les accompagner et assurer leur subsistance dans ce trajet, et qui laissa seulement quelques piquets de cavalerie sur cette route, en revenant à Rome.

Les succès des armées françaises en Italie causaient de vives alarmes à la Cour de Rome et à celle de Naple. A Bologne, on était dans l'attente de ce qui devait avoir été réglé entre les députés de cette ville et les commandans français relativement au sort de la ville et de la province.

En attendant, pour conjurer l'orage qui menaçait, l'assistance divine fut implorée avec ferveur par toutes les confrairies qui y furent invitées.

Le cardinal Vincenti, légat du pape, publia en même tems deux notifications et un édit pour faire sortir, et à défaut d'obéissance faire arrêter tous les gens sans aveu qui, dans ces derniers tems, s'étaient introduits dans cet Etat. Pendant que le cardinal Vincenti fit publier dans la ville de Bologne une autre ordonnance portant qu'étant instruit que beaucoup de personnes, animées de l'esprit de parti, tenaient des propos inconsidérés sur les Gouvernemens des puissances belligérantes et les armées, qu'il en résultait des disputes qui se terminaient souvent par des voies de fait, et pouvaient amener encore de plus grands désordres, il ordonnait à toute personne quelque fut son grade ou sa condition ecclésiastique, ou séculière, de ne manquer, ni verbalement, ni par écrit, au respect et aux égards dus aux Gouvernemens, aux puissances susdites et aux armées, sous les peines portées, etc. Le cardinal archevêque écrivit à tous les couvens, monastères, confrairies, monts-de-piété, de donner en cinq jours l'état détaillé de toute l'argenterie qu'ils possédaient, en réservant seulement ce qui était nécessaire au service. N'oublions pas, disait ce cardinal, que nous sommes tous des citoyens, et que nous devons entrer en part des charges que la justice divine voudra nous imposer.

La congrégation de Rome, occupée de la restauration des finances, invita les quatre princes romains, ainsi que la principale noblesse à envoyer leur argenterie à la monnaie en échange de laquelle on devait recevoir des billets portant cinq pour cent d'intérêt. Ces princes et le duc Braschi donnèrent les premiers l'exemple de la déférence à cette invitation. Au moyen de cette ressource, on espéra ôter de la circulation les cédules qui perdaient beaucoup.

Le ministre espagnol, Azara, s'étant chargé comme médiateur d'une négociation auprès du général français, le peuple Romain avait la plus grande confiance dans ce ministre et attendait avec impatience l'issue de cette négociation. Il s'attroupa près du palais du duc Braschi et l'insulta parce qu'il croyait qu'il était contraire à la paix. Il fut informé que c'était d'après ses représentations que le pape, qui avait repoussé toutes celles qui lui avaient été faites jusqu'alors, en répondant qu'il n'était point en guerre avec les Français, s'était décidé à entrer en négociation ; et alors la tranquillité se rétablit. Le chevalier Azara signa à Milan des préliminaires de paix pour le pape, et le traité définitif devait être conclu à Paris. Mais ce traité n'eut pas lieu, parce que le pape, qui espérait en la protection divine, et dans les succès des armées impériales, temporisa pour voir le résultat des évènemens.

Le cardinal abbé Mauri, craignant de voir arriver les Français à Rome, obtint du pape de passer en Russie, revêtu de la dignité de nonce extraordinaire.

A Naples, le Gouvernement effrayé des progrès des armées françaises fit ordonner des prières publiques pour obtenir la protection du ciel. Leurs majestés accompagnées d'un peuple immense assistèrent à ces prières.

Après s'être mis sous la protection du ciel, le Gouvernement napolitain voulut se mettre sous celle des troupes. En conséquence le roi fit publier deux lettres, l'une aux évêques et prélats du royaume, et l'autre à ses sujets. L'objet de ces lettres fut de lever une armée de soixante-dix mille hommes qui devait être sous le commandement immédiat du roi. Deux corps de cette armée devaient être placés sur les frontières du royaume, l'un près de Pora, l'autre près de la ville de Trente. Le chevalier Acton, frère du premier ministre, fut nommé colonel du régiment de Rossiglione. Cette armée devait être composée des troupes régulières dont l'état ordinaire fut porté à trente-trois mille hommes, et de troupes tirées des milices que le feu roi avait établies dans les provinces des deux royaumes et dont le nombre fixé dans l'origine à vingt-cinq mille individus, vivans chez eux de leur profession et servant quinze jours par an, fut augmenté à la fin de 1792. Le préambule de la dépêche royale était ainsi conçu :

D'après les nouvelles récemment arrivées des progrès des armées françaises, le roi a continué de faire les plus vigoureuses dispositions pour envoyer sur-le-champ une armée d'environ trente mille hommes vers les frontières du royaume de Naples, afin de pourvoir à la défense de ses domaines royaux, et les mettre à l'abri de ces désordres qui suivent toujours les irruptions de la guerre. Il n'a pas négligé en même tems les moyens qui peuvent se présenter de procurer la paix à ses bien-aimés sujets. Mais comme, pour parvenir à l'objet si desiré, ou de détruire l'armée ennemie, ou d'obtenir une paix honorable et constante, s'il est nécessaire de préparer une force armée extraordinaire, en joignant aux troupes réglées un corps formidable de milice choisie, au nombre de quarante mille combattans au moins, et en armant toutes les provinces du royaume, sa majesté, après une mûre délibération, a pris la résolution suivante : la substance de cette résolution portait que les corps volontaires devaient se réunir sous les ordres des commandans de milice, des principaux barons, des chevaliers et gentils-hommes, et devaient se pourvoir d'habits, de fusils, d'armes blanches, etc. Chacun des volontaires et soldats était déclaré exempt de toute imposition, ainsi que sa famille, pendant toute la durée de son service; et ceux qui se distingueraient par leur bravoure, devaient être exempts, ainsi que leur famille, de toute imposition pendant dix ans. Quant aux barons, chevaliers, gentils-hommes, qui se seraient réunis aux corps volontaires, on leur promettait des grades militaires suivant leur mérite.

On chargeait ensuite les évêques et les ordinaires, les curés, les missionnaires et les prédicateurs, et tous les sujets probes et qui avaient quelque considération, de bien faire sentir au peuple tous les dangers qui résulteraient pour lui de l'irruption des ennemis: on les invitait à exciter dans le peuple un zèle ardent qui le fit concourir de bon cœur à seconder de toutes ses forces les intentions paternelles et bienfaisantes de sa majesté.

Malgré toutes ces invitations, ces promesses, ces avis, et tout cet appareil de force, le Gouvernement napolitain fut persuadé qu'il lui serait plus facile d'obtenir la paix par la voie des négociations dont il s'occupait sérieusement, que par la destruction de l'armée ennemie.

A Rome, les circonstances critiques dans lesquelles se trouva le Gouvernement, excita beaucoup d'inquiétude et produisit une fermentation extraordinaire parmi le peuple. Il y eut, le 6 messidor an 4, au-delà des portes de la ville, un rassemblement composé de plus de deux mille personnes. Quoiqu'on n'y remarquât aucune disposition séditieuse, le Gouvernement s'en allarma et envoya des détachemens de cavalerie pour maintenir la tranquillité. Le secrétaire d'état manifesta dans une proclamation le mécontentement que cette agitation causait au pape. Il exhorta les Romains à recourir à Dieu comme chrétiens, et comme sujets à avoir la plus entière confiance dans leur souverain qui ne négligeait rien pour assurer la paix et la tranquillité universelle.

Tous les principaux seigneurs, imitant l'exemple du prince Borghese, envoyèrent à la trésorerie beaucoup d'argenterie; mais ils exigèrent que cette argenterie fut battue sur-le-champ, afin d'être certains, comme c'était leur intention, qu'elle ne servirait qu'à multiplier dans Rome le numéraire qui depuis long-tems y était devenu fort rare.

Les succès des Français et la crainte de les voir arriver à Rome furent cause que les princesses françaises, qui avaient fixé leur résidence dans cette ville, se disposèrent à partir pour Messine.

Un moine arrivé à Trente, porta la nouvelle dans la Romagne que les Autrichiens avaient passé l'Adige, débloqué Mantoue et marchaient à grandes journées dans la Romagne. Des imprimés séditieux, des prédicateurs fanatiques prêchèrent partout l'insurrection. Ils organisèrent en peu de jours une espèce d'armée qu'ils appelèrent catholique et papale, et qui, comme elle devait son origine à l'imposture, n'eût pour le tems de son existence, que l'époque où la vérité prit la place du mensonge.

Il arrivait continuellement des couriers à Rome, avant qu'on fut assuré de la conclusion de l'armistice. Ces couriers annonçaient constamment les progrès des Français vers ces contrées. Ces nouvelles répandirent une si grande consternation dans cette capitale que plusieurs des premières familles partirent pour Naples avec leurs effets les plus précieux, et que quelques cardinaux et beaucoup de particuliers se préparaient à les suivre, lorsqu'on apporta à la fin au pape l'heureuse nouvelle de la conclusion de l'armistice entre le général français et le saint siége. Le pape en donna aussitôt connaissance au cardinal Comerlingue et au gouverneur de Rome.

Le même jour, il fit assembler la congrégation d'état pour délibérer sur les réponses à faire au général français et au directoire, et il fut nommé des ministres plénipotentiaires pour se rendre à Paris. Le général français, auparavant d'entrer sur les terres du pape, l'avait engagé par les sollicitations les plus pressantes à faire sa paix avec la France ; mais le saint père plus docile à la voix de l'espérance qu'il avait toujours dans les secours de l'Empereur, malgré les revers continuels de ses armées, qu'à suivre les intérêts de ses peuples, ne se décida qu'à la dernière extrémité à traiter avec les Français.

Le pape fit afficher une invitation dans laquelle il disait que le très-haut ayant exaucé les vœux communs, en faisant obtenir un armistice par la médiation de sa majesté catholique, il ordonnait en reconnaissance dans toutes les églises des prières et le *Te Deum*. Il tint un consistoire secret où il exposa dans un discours très-énergique la nécessité où il s'était trouvé d'accepter l'armistice et l'impossibilité d'en remplir les conditions, sans recourir à quelques moyens extraordinaire. Il proposa de faire servir au paiement des contributions l'argent déposé au château Saint-Ange. Le sacré collége y consentit unanimement.

Le jour de la fête Saint-Pierre, le pape

après avoir célébré la grande messe dans la Basilique du Vatican, se rendit au lieu où ses prédécesseurs recevaient le ridicule tribut de la haquenée, et y fit la protestation d'usage contre le refus de cet hommage dont le roi de Naples se dispensait depuis plusieurs années.

Le premier paiement de la contribution stipulée dans l'armistice conclu entre le saint siége et le général français se fit à son échéance. Pour effectuer les autres, le pape eut recours aux dépositaires des richesses des églises; séculiers, réguliers, il leur fut ordonné de livrer dans l'espace de quelques jours un inventaire certifié véritable des effets d'or et d'argent qui étaient à leur garde. Il n'y eut d'excepté que les vases indispensablement nécessaires à la célébration du service divin. On menaça d'amendes considérables les séculiers, et de la privation de voix active les réguliers qui ne se conformeraient pas à cet ordre.

Un autre édit, qui fut publié, soumit à des dispositions à-peu-près semblables, pour leurs propriétés personnelles, tous les

les sujets du pape sans aucune distinction. Ils furent contraints à faire une déclaration exacte de tout ce qu'ils possédaient en or et en argent, travaillé ou non. Il y eut une exception, en faveur des orfèvres, pour les effets seulement qu'ils possédaient au moment de la publication de l'édit. On devait procéder avec la plus grande rigueur, et de la manière la plus arbitraire, contre les contrevenans à cette loi. Outre la perte des effets non-déclarés, ils devaient être soumis à des peines pécuniaires et même afflictives, selon la volonté des préposés de sa sainteté.

On promit que l'on prendrait tous les moyens pour rendre cette mesure, devenue nécessaire, aussi peu onéreuse qu'il serait possible aux sujets du saint-siége. On promit de leur conserver ceux de leurs effets d'un usage journalier, ainsi que ceux auxquels le travail donnait un prix particulier.

D'après des représentations faites par quelques chefs ecclésiastiques, au cardinal-vicaire, l'édit relatif à l'argenterie des églises et autres lieux pieux fut suspendu; mais celui qui ordonna la déclaration de l'argenterie des particuliers subsista toujours. On espéra seulement que l'on mettrait, dans son exécution, beaucoup de douceur et d'indulgence.

Le prince Doria envoya au trésor toute son argenterie, évaluée un demi-million. Le pape fit partir pour Gênes le banquier Turlonio, chargé de négocier un emprunt, avec ordre de passer à Venise, si ses négociations à Gênes n'avaient pas de succès.

Le saint-père, croyant qu'un des moyens d'assurer la tranquillité dont chacun avait besoin était d'implorer sans cesse l'intervention du Très-Haut, ordonna de nouvelles prières, auxquelles il attacha des indulgences. Trois cents jours de ces indulgences devaient être la récompense de ceux qui, à midi, réciteraient régulièrement les prières qu'il ordonnait. Tout le mérite que devait avoir cet acte de dévotion s'étendait sur tout le monde, en quelque lieu qu'on le fît; mais il parut que l'heure indiquée était une condition sans laquelle il n'y aurait pas eu d'indulgence.

A Ancône, on ne parlait que de merveilles qui s'opéraient dans les différentes églises. Il n'y avait pas une statue de Vierge de pierre et de bois, ou de quelques Saints en vénération particulière, qui ne fît ses prodiges. Le peuple y croyait fermement, et les personnes instruites étaient obligées de feindre d'y croire. On pensait que c'était à l'interception de la Vierge et des Saints, qu'on était redevable de l'armistice accordé par les Français, plutôt qu'aux millions et autres clauses du traité.

Les prodiges opérés dans Ancône et dans plusieurs autres villes de la Marche, se répétaient dans Rome. Il n'y avait pas une de ces madones, ouvrage de mains d'hommes, placées en si grand nombre dans les rues et dans les églises, qui ne provoquât la religieuse admiration des Romains. Toutes donnaient des signes de vie; toutes ouvraient, fermaient, élevaient, tournaient les yeux. La puissance miraculeuse qui les animait, agissait aussi sur les objets qui les environnaient. Des lys attachés près de l'une d'elles, étant flétris et desséchés, leurs tiges reverdissaient, se couvraient de nouveaux boutons qui croissaient et se développaient chaque jour d'une manière sensible, parce qu'on avait soin d'en mettre secrètement, en leur place, de nouveaux chaque jour. Le peuple allait processionnellement, de l'une à l'autre de ces images, en psalmodiant des Litanies, et les personnes de qualité se prêtant à l'illusion, grossissaient la troupe. Chaque nuit la ville était illuminée jusqu'au jour. Ces miracles, ces processions, ces fêtes remplissaient tous les cœurs de la plus tendre dévotion, détournaient les ouvriers de leurs travaux, et augmentaient leurs misères.

Des commissaires français étant sur le point d'arriver à Rome, le cardinal Zelada, secrétaire d'Etat, fit publier un édit, dans lequel il représenta aux Romains que tous les motifs se réunissaient pour leur faire un devoir de respecter et de bien traiter les Français, les principes de la religion, le droit des gens, l'intérêt du peuple, la volonté du souverain. Il leur dit que l'armistice obtenu était un effet de la miséricorde de Dieu, puisqu'il est toujours avantageux de perdre une partie pour conserver le tout. Il enjoignit à tous les sujets, quelques fussent leur condition, leur âge et leur sexe, de ne se livrer à aucun mouvement inconsidéré, et de se défier des insinuations perfides. Il déclara que quiconque insulterait, par ses actions ou ses discours, même de la manière la plus légère, les commissaires français, leurs gens, leurs domestiques ou dépendans, serait puni du dernier supplice, déclaré infâme, comme rebelle et traître à la patrie, ses biens confisqués. Ceux qui, par leurs discours, leurs conseils, leurs écrits, provoqueraient quelqu'insulte contre les Français, quand même l'effet ne suivrait pas, seraient soumis aux mêmes peines; les témoins de pareils actes, qui ne les dénonceraient pas aux tribunaux ordinaires, seraient condamnés à dix ans de galères; les dénonciateurs, donnant les preuves du délit, recevraient cinq cents écus. Les tribunaux devaient procéder contre les accusés, dans les formes les plus expéditives, sans rémission ni diminution de peine. Cet édit prévoyait tous les cas possibles.

Auparavant l'entrée des Français en Italie, on avait fait servir la religion contre eux, après leurs victoires, on l'employa pour les faire respecter. Il faut convenir, d'après l'expérience, que la religion est le grand moyen que les princes et les prêtres, toujours d'accords ensemble sur ce point, ont sans cesse employé pour donner à l'esprit des peuples la direction qu'ils desiraient. Au nom de la religion, on faisait faire aux peuples, dans un instant, ce que l'instant d'après on lui défendait, au nom de cette même religion. On dirait que ses principes sont subordonnés aux passions des grands et des ministres du culte.

Le conseil du pape crut d'avoir interpréter, comme des signes de la colère céleste, les miracles multipliés dont on faisait entendre que Rome était témoin. En conséquence, sa sainteté ordonna des missions dans six des principales églises de cette ville, et les fit terminer par des processions de pénitens, pendant trois jours consécutifs. Dans ces cérémonies exécutées dans les divers quartiers, la foule du peuple fut immense. On y vit des dames de la plus haute qualité, porter la bannière de la Vierge, et un prince de l'église, le cardinal de la Sommaglia, descendre aux fonctions de porte-croix.

Le Gouvernement prit toutes les mesures nécessaires pour prévenir les désordres que l'on pouvoit craindre au milieu d'un si grand mouvement. Une garde nombreuse fut répandue dans toute la ville. On remarqua comme une chose très-étonnante qu'il n'y eût ni assassinats ni vols. Il parut que ces cérémonies remplirent l'objet que le Gouvernement s'était proposé, puisqu'on assura qu'elles étouffèrent dans tous les cœurs les haines, les animosités qui y fermentaient. Beaucoup d'armes tranchantes et d'armes à feu furent déposées sur les autels aux pieds des Madones. Pour entretenir le peuple dans cette heureuse ferveur, les missions furent continuées.

Depuis la fondation de Rome jusqu'à présent, il semble que cette petite partie de la terre ait été plus particulièrement destinée à être le séjour de la superstition. Romulus, son fondateur, assassiné par le sénat à cause de son orgueil, fut mis au nombre des dieux, et reçut l'hommage des Romains sous le nom de Quirinus. Numa Pompilius, pour abattre l'humeur guerrière des Romains, et pour faire exécuter aveuglement ses volontés, se dit inspiré de la nymphe Egérie; alors ses ordres devinrent des oracles. Dans des tems de malheurs, les prêtres poussaient la fourberie jusqu'à faire entendre au peuple Romain qu'ils conjuraient les fléaux, en enfonçant avec appareil un clou dans une muraille. Le vol des oiseaux, la manière comme des poulets mangeaient, suffisaient pour faire exécuter, suspendre ou empêcher les entreprises les plus intéressantes de l'Etat : aussi Cicéron qui connaissait la vanité de ces moyens imposteurs, disait qu'il ne pouvait concevoir comment deux Aruspices se rencontrant, n'éclataient pas de rire de la stupide crédulité des Romains.

A la place de l'ancienne religion, il s'en introduisit une nouvelle dans ces contrées. Au lieu d'enseigner les préceptes remplis de sagesse que renfermait le livre qui servait de fondement à cette religion, on vit employer toutes les subtilités du génie et du raisonnement pour dénaturer le sens de ces préceptes et les accommoder aux tems et aux circonstances, en leur donnant une interprétation conforme au but qu'on se proposait. Parce que Saint-Paul vînt à Rome, on y fit venir Saint-Pierre qui n'y mit jamais le pied, pour assurer la suprématie du siége apostolique dans cette ville. On lui fit faire nombre de prodiges avant et après sa mort. On eut grand soin de tenir, pendant des siècles, les esprits dans une espèce d'abrutissement passif pour empêcher que les lumières, fruits des réflexions combinées et du discernement, ne vinssent à la fin éclairer les peuples. On voulut faire croire que l'Être-Suprême interrompait à chaque instant le cours immuable de la nature et l'effet des loix générales et invariables qu'il lui a imposées, pour se prêter servilement aux desseins des ministres du culte. L'esclavage des nations fut le résultat du pacte secret qui exista entre le trône et l'autel, et ils furent réciproquement la base de l'un et de l'autre. Le tems est venu où les Romains ouvriront les yeux à la vérité et cesseront de soumettre leur foi à l'imposture. L'instant n'est pas éloigné où ce peuple s'apperçevra qu'il a été long-tems courbé devant l'idole qui, cessant d'être soutenue par ses étaies, en tombant, se brisera comme l'argile; le moment est proche où les Romains dont le cœur répugne au mensonge mettront à sa juste valeur la conduite de ces personnages hypocrites, pour qui l'or et les richesses furent la seule divinité qu'ils adorerent, et qui forcèrent les hommes à regarder le ciel, pendant qu'ils s'emparaient de la terre.

Un courier Espagnol vint annoncer, le 5 messidor, an 4, au chevalier Azara, que le ministre de la république française, le citoyen Miot, qui résidait en cette qualité près du grand duc de Toscane, était au moment d'arriver à Rome. Aussitôt le chevalier Azara alla à sa rencontre à Ponté-Molle. Le citoyen Miot accompagné du ministre Espagnol, entra dans Rome, escorté d'un piquet de cavalerie qu'il avait trouvé à Monterosi, et précédé d'un courier Français, portant la cocarde tricolore. Après avoir pris un peu de repos à l'auberge, il se rendit chez M. le chevalier Azara où il fut traité pendant tout son séjour à Rome. Le soir il eut une conférence particulière avec le secrétaire d'Etat, et le lendemain, il fut conduit par le ministre Espagnol à l'audience de la sainteté, qui le reçut avec les plus grands égards, et eut avec lui un long entretien.

Dans les circonstances critiques où se trouvait le pape, tous les corps ecclésiastiques se firent un devoir d'obéir aux ordres du souverain, relativement à l'argenrie des églises. On transporta à la monnaie beaucoup d'objets dont on fit des espèces ou des lingots. Le saint-père ne voulut pas qu'il y eut d'exception en sa faveur. Il fit le sacrifice de toute son argenterie, quoiqu'elle fût du travail le plus précieux. Beaucoup de cardinaux, de prélats, de princes suivirent cet exemple.

Les tantes du dernier roi de France se disposèrent à se rendre à Albono. Elles ne parurent pas avoir renoncé au voyage de Naples. On voyait encore dans Rome les armes de l'ancienne monarchie Française, des ordres furent donnés pour les faire abattre dans tous les lieux de la domination pontificale.

Le citoyen Cacault, agent de la république française en Italie, arriva à Rome dans la matinée du 10 thermidor. Le ministre d'Espagne l'ayant invité à prendre un appartement dans son hôtel, il ne crut pas devoir accepter cette offre. Les commissaires nommés pour l'exécution des articles de l'armistice arrivèrent au nombre de quatre, on en attendait trois autres. Le citoyen Miot ayant pris congé du saint-père et du sacré collége, ne tarda pas à quitter la capitale. Auparavant son départ, les cardinaux lui rendirent sa visite par billet.

Une partie de la contribution à laquelle le pape s'était soumis, fut expédiée de la trésorerie pontificale dans la nuit du 11 thermidor, an 4. Elle consistait en onze cents mille écus. Ce riche convoi fut escorté par un détachement de cavalerie et d'infanterie qui le conduisirent jusqu'à Imola, lieu où cessait la garantie du pape.

Les processions se terminèrent enfin à Rome le 12 thermidor. Le peuple fut assez tranquille. Quand il voyait des Français, il s'atroupait autour d'eux ; c'était des êtres en quelque sorte nouveaux qu'ils venaient contempler, et sa curiosité n'avait aucun caractère offensant.

Il y eut des conférences à l'hôtel d'Espagne, relativement à l'exécution des conditions de l'armistice. On fit naître dans le conseil du pape des difficultés pour remplir les clauses, afin de temporiser, parce qu'on attendait de grands effets des nouveaux secours qu'on savait que l'empereur devait faire passer en Italie. Les ministres de France et d'Espagne n'étaient pas satisfaits du commissaire du pape qui était le fiscal monsignor Barberi. Les conférences devaient être reprises sous peu de jours, et on n'avait pas grande espérance que les difficultés qui y donnaient lieu fussent promptement applanies.

Le pape, parmi les vertus duquel la prudence et la modération n'étaient pas beaucoup comptées, s'était distingué dans plusieurs circonstances importantes par des actes d'obstination et d'emportement qui ne contribuèrent pas peu à ne pas améliorer les affaires du saint-siége. Tel fut l'envoi précipité, au moment où l'on apprit à Rome la levée du siége de Mantoue, d'un vice-légat pour reprendre possession de Ferare, malgré les représentations du ministre espagnol qui désapprouva hautement cette démarche du saint-père, et déclara qu'elle était contraire au traité d'armistice.

La garnison française qui était dans la citadelle de Ferare en était sortie tout-à-coup, le 13 thermidor, après avoir encloué ses canons, et jeté dans le fleuve les munitions qu'elle ne put emporter. On sut que les Français avaient essuyé quelques échecs qui les obligeaient de réunir toutes leurs forces. Ce brusque départ n'occasionna aucun désordre, il ne se manifesta aucun mouvement qui put faire soupçonner que les Ferarois, à l'exception des prêtres, eussent le moindre desir de retourner sous leur ancien Gouvernement qui généralement n'était pas aimé. La plus parfaite tranquillité s'y maintînt jusqu'à l'arrivée du vice-légat, dont on fut aussi surpris que du départ des troupes françaises. On ne s'opposa pas à son entrée qui fut assez modeste; mais ayant replacé sur la porte du palais public les armes du pape, la vue de ce monument excita une grande fermentation; la municipalité et la garde nationale que les Français avaient établies dans la ville accoururent aussitôt; les armes papales furent de nouveau renversées et remplacées par celles de la république. A la première nouvelle des victoires des Français, le vice-légat crut sagement devoir terminer sa mission et repartir pour Rome.

Le 20 thermidor, an 4, trois des commissaires français, résidans à Rome, étant allés prendre l'air dans le jardin de Médicis, où il y avait beaucoup de monde, furent entourés par une foule de curieux, parmi lesquels se trouvèrent des mal-intentionnés qui les insultèrent de paroles injurieuses. Le jour suivant, après midi, le secrétaire de la commission et un peintre qui y était aussi attaché, se promenant dans la ville, s'arrêtèrent dans la place Calonne, pour regarder la colonne trasanne; entourés d'un grand nombre de personnes, ils crurent que c'était aussi des curieux, et continuèrent à observer tranquillement. Dans le même moment, ils furent assaillis d'une grêle de pierres que des enfans firent pleuvoir sur eux. Ils cherchèrent alors à se sauver, mais ils furent poursuivis par beaucoup de gens qui criaient : tuez-les, ce sont des Français, ce sont des commissaires. Alors se voyant enveloppés par une populace furieuse, l'un des commissaires voyant venir sur lui un homme, le couteau à la main, lui présenta un pistolet, et parvint à tenir l'assassin éloigné. Son compagnon n'ayant pas

d'armes

d'armes pour se défendre découvrit sa poitrine, en disant : frappez, mais sachez qu'il est lâche d'attaquer en grand nombre un homme seul et désarmé. Le lieutenant Daudini, passant dans le moment, parvint, avec beaucoup de peine, à conduire ses deux Français à l'hôtel du gouverneur. Ce lieutenant voulut excuser le peuple de Rome, en disant que les nouvelles fâcheuses pour les Français avaient occasionné cette insulte.

Le commissaire demanda au gouverneur s'il croyait que les nouvelles victoires remportées par les Français leur donnaient le droit de ne pas observer leurs traités avec le pape? Il fut ensuite reconduit chez lui, mais toujours suivi de la populace qui lui disait des injures.

Le troisième commissaire, après avoir essuyé des mauvais traitemens, fut sauvé par un particulier qui rassembla quelques soldats, et l'accompagna jusqu'à l'auberge. Les commissaires remarquèrent que les plus acharnés à les poursuivre, furent des moines et des abbés.

Depuis ce jour là, le Gouvernement fit

doubler les patrouilles, sur-tout dans le quartier habité par les Français. Plusieurs des personnes qui avaient eu part à ces désordres furent arrêtées.

Le 22 thermidor, il arriva un courier expédié au citoyen Miot à Florence, et envoyé par celui-ci, à Rome, au ministre espagnol, apportant des nouvelles très-favorables aux Français. Mais telle fut la prévention générale dans Rome, que l'on crut que c'était un homme qu'on avait fait arriver des environs de cette ville, afin d'empêcher qu'on ajoutât foi aux rapports précédens, et que le peuple n'inquiétât pas les Français.

Il en fut à Rome, dans ces circonstances, comme il en était en France. Les moindres revers des armées françaises étaient grossis par une certaine classe d'hommes qui ne desiraient que les déroutes des troupes de la république, les malheurs les plus grands, et le renversement du Gouvernement républicain, pour élever un trône sur ses débris. Les victoires les plus éclatantes qui menaçaient la coalition jusques dans ses fondemens, faisaient chanceler les trônes des puissances qui s'y étaient intéressées, et répandaient la gloire et l'admiration du nom Français dans tout l'Univers, étaient niées, ou long-tems revoquées en doute, par ces êtres pour qui les journées des succès de la France devenaient des jours de deuil.

Ce qu'on avait prévu arriva dans la ville de Rome. Dans l'après midi du 22 thermidor, an 4, deux français furent insultés de nouveau. Le ministre Cacault voulut expédier un courier à Paris, pour rendre compte au directoire de ces procédés contre le droit des gens et la parole de sa sainteté. Le ministre espagnol, le chevalier Azara, le pria instamment de n'en rien faire, et lui promit de mettre tout en usage pour obtenir du pape une juste satisfaction.

Sa sainteté eut de la peine à croire que son peuple se fût porté à de pareils excès, et ce fut pour cela qu'il négligea de prendre les mesures nécessaires pour le contenir. Cependant le secrétaire d'Etat donna des ordres pour que les commissaires Français fussent respectés.

Le chevalier Azara écrivit au pape un billet dans lequel il lui dit qu'il prévenait sa sainteté pour la dernière fois, que le bien public exigeait absolument le renvoi du fiscal barberi, que c'était le seul moyen de contenir le peuple, qu'autrement il auroit à craindre les conséquences les plus fâcheuses. Le pape ne répondit rien à ce billet; mais il fit dire au cardinal Busca, milanais, qu'il l'avait fait son secrétaire d'Etat, à la place du cardinal Zelada. Il parut que le pape, en choisissant pour ministre un cardinal attaché à l'Espagne, voulut suivre les conseils du chevalier Azara.

Le ministre Cacault demanda avec beaucoup d'instance que le Gouvernement fit punir ceux qui avaient insulté les commissaires français. Le chef, qui était un piqueur du cardinal Altiéri, se sauva. Le Gouvernement ecclésiastique se décida à donner satisfaction à l'agent de France, et à maintenir en même tems la rigueur de l'édit public pour garantir la sûreté des Français.

A la nouvelle des succès momentanés

des Autrichiens, leur partisans dans la ville de Pavie qui ne doutaient plus que la victoire n'eût irrévocablement abandonné les Français, s'empressèrent de seconder de tous leurs moyens, des évènemens dont ils espéraient qu'une contre-révolution complette serait la suite. Dans les villes, dans les campagnes, leurs émissaires se montrèrent chargés de fausses nouvelles, et des écrits les plus propres à fanatiser le peuple, et à le rendre l'instrument et même le provocateur des vengeances les plus atroces, et les répandirent avec profusion. Parmi ces écrits, on distingua les lettres d'un dominicain, adressées à une religieuse, dans lesquelles on retrouvait la doctrine abominable et sanguinaire de la sainte inquisition. Ils parvinrent à produire quelqu'agitation, et à former quelques rassemblemens, particulièrement à Crémône, à Cassal-Maggiore, et à deux villages des environs de cette dernière ville. A Cremone, après la surprise de Brescia, on proposa de garder l'arbre de la liberté, pour y pendre ceux qui l'avaient planté et solemnisé. Des listes de proscription, qui désignaient les victimes dont le sang devait célébrer l'arrivée des Autrichiens, circulèrent. Ceux qui ne quittèrent point la cocarde, furent maltraités. Les patriotes qui cherchaient à se sauver furent poursuivis jusqu'au Pô.

A Cassal-Maggiore, le commandant, allant s'embarquer, fut insulté, et l'on entendit en même tems tirer des coups de fusil. On s'opposa avec violence à son embarquement, et pour échapper, il s'élança dans le fleuve où il trouva la mort. Son épouse et sa fille l'imitèrent; mais des citoyens qui furent touchés du danger auquel elles s'exposaient, se jetèrent dans le fleuve, et parvinrent à les sauver de la mort.

Il parut que les agitateurs n'avaient pu rassembler que peu de personnes qui par-tout se rallièrent au cri du désordre et du carnage. Le nombre en fut peu considérable. Le peuple, en général, ami des Français ne se montra pas disposé à partager les fureurs des amis de l'Autriche. Mais, quelques jours de plus d'incertitude, sur la fortune de l'armée française, eussent peut-être suffi pour pervertir ses heureuses dispositions, et étendre au loin les mouvemens séditieux, dans tous les pays soumis au pape.

Les évènemens ultérieurs justifièrent que cette guerre faite à la France par les puissances coalisées, ne fut pas une guerre pour la cause des rois. Jamais guerre ne fut plus désastreuse et plus humiliante pour la monarchie et l'autel. Elle fut entreprise pour diminuer l'étendue de la France, et le fait prouva qu'elle augmenta sa puissance, consolida sa constitution, et éleva cette république naissante au point le plus brillant de la grandeur aux dépens de ce qu'on avait appelé les Gouvernemens réguliers de l'Europe.

Le général Acton, ministre de Naples, ayant fait avancer des troupes sur les frontières des Etats du pape, le ministre Cacault fut chargé, par un courier extraordinaire, de signifier à ce ministre que, si les troupes napolitaines envahissaient les provinces appartenantes au saint-père, cet acte serait regardé comme une rupture de l'armistice, et qu'on ferait marcher une division de troupes pour défendre ses possessions ; il fut ajouté qu'on avait déjà ordonné la marche de dix-huit mille hommes sur Bologne. Le ministre Cacault communiqua au cardinal, secrétaire d'Etat, la note qu'il avait envoyée au ministre Acton. Avant que cette note parût, les Napolitains étaient au nombre de trois mille hommes à Ponte-Corvo, sur le territoire du pape. Les Napolitains assurèrent qu'ils avaient pris cette position pour empêcher la désertion. Du côté de Fronto et de Giulea-Nuova, les Napolitains étaient près des frontières de l'Etat ecclésiastique, et l'on craignait qu'une de leurs colonnes ne se portât vers la Romagne.

L'agent de la république française, le citoyen Cacault, reçut, le 30 août, 10 fructidor, an 4, la réponse qu'il attendait de Naples. Elle lui fut adressée par le prince Castel-Cicola, secrétaire d'Etat, pour le département des affaires étrangères, le général Acton, à qui ces dépêches avaient été envoyées, faisant les fonctions de premier ministre. Cette réponse portait : que le roi de Naples n'avait jamais pensé à entrer hostilement dans les Etats du saint-siége, qu'il avait été obligé de cantonner quelques troupes à Ponte-Corvo, parce que, ayant une armée nombreuse, il n'avait pu la contenir toute entière dans les limites de ses Etats, et qu'à cet égard il s'expliquerait avec le pape. Le roi de Naples n'avait jamais eu l'intention de rompre l'armistice avec la France; au contraire, il lui protestait toute l'amitié possible, avec cette restriction, cependant que, dans le cas où les ennemis de Naples entreraient dans l'Etat du pape, et s'approcheraient ainsi de ses frontières, il y entrerait aussi avec son armée. Cette réponse sembla annoncer une rupture qui cependant n'eut pas lieu.

La crainte d'être demandé à Brescia par le général français, détermina le cardinal Pignatelli, légat de Ferrare, à quitter Rome. Ce fut par son conseil que le pape, sans consulter la congrégation, ni le secrétaire d'Etat, avait envoyé M. Lagreca pour prendre possession de Ferrare. Ce cardinal partit en diligence de Rome, et se rendit à Naples.

Le pape, après avoir reçu des dépêches apportées par un courier, venant de Paris, convoqua une congrégation particulière, composée du cardinal doyen du sacré-collége, et d'autres cardinaux. Inmédiatement après la tenue de cette congrégation, le pape fit appeler le ministre espagnol, le chevalier Azara, pour l'engager à se rendre à Florence, où les affaires de cette Cour, avec la république française, devaient être discutées. Le ministre espagnol déféra à la demande de sa sainteté, et fut accompagné du prélat Galeppi et du père Soldati, dominicain, qui eut la permission de quitter, pendant ce voyage, l'habit de son ordre, et de porter celui de prêtre séculier.

A son retour de Florence, le prélat Galeppi alla aussitôt à l'audience du saint-père et eut ensuite une conférence avec le secrétaire-d'état. Le soir même, il y eut au palais Quirinal, une congrégation où on fit lecture des conditions de paix proposées par le directoire de France, et qui furent rejetées comme inacceptables. Le lendemain, 29 fructidor an 4, le prélat Galeppi repartit pour Florence, chargé de la réponse du saint-père aux commissaires français.

Le pape disait que, s'il avait pu entrer en négociation, il aurait traité volontiers, mais qu'ayant vu par la lettre des commissaires français, qu'il fallait accepter ou rejeter en entier les articles proposés, il était déterminé à déclarer qu'il ne pouvait accepter.

Le Gouvernement de Rome, se voyant menacé d'une guerre prochaine, fit les préparatifs nécessaires pour commencer une guerre de religion. On travailla avec la plus grande activité à imprimer provisoirement des bulles et des brefs pour représenter au peuple la position où se trouvaient la religion et le pape, et pour l'exciter à l'aider de tous ses moyens. Le saint-père ayant perdu la foi en France, conservait encore l'espérance en Autriche; quant à la charité, il y avait long-tems qu'elle n'était plus à Rome une des vertus théologales. On joignit à ces préparatifs de défense, beaucoup d'ardeur pour armer les troupes et les mettre en état de combattre.

Mais que pouvaient des bulles, des brefs et les soldats du pape, contre les bayonnettes d'une armée invincible ayant à sa tête un héros? On vit ce qui devait naturellement arriver. Les troupes du saint-siége furent enveloppées, et le pape, pour obtenir la paix, fut obligé de payer une plus forte contribution, en se soumettant à des conditions plus onéreuses que celles qu'il n'avait pas voulu accepter.

CHAPITRE V.

L'amour de la liberté fait des progrès dans les états du duc de Modène. Arbre de la liberté planté à Reggio ; retraite de la garnison du duc, de cette ville ; fêtes qu'on y célébra. Arrivée du commissaire français, Salicètti, dans Reggio. Lettre de Salicetti à la régence de Modène. Fêtes données à Reggio, au commissaire français. Arrivée de ce commissaire à Bologne. Joie des habitans en apprenant qu'ils étaient libres. Députés envoyés par le sénat de Reggio au sénat de Bologne. Edit du sénat de Bologne. Ordre de préparer dans cette ville des logemens pour douze à quinze mille Français. Réponse du directoire au ministre du duc de Modène. Formation de la république transpadane.

Origine de la république transpadane.

TANDIS que ces évènemens se passaient dans les Etats du saint-siége, ce qu'on appelait le mal français, c'est-à-dire l'amour de la liberté et de la patrie, faisait des progrès et se répandait avec rapidité dans les Etats du duc de Modène et sur ses frontières. Soixante Corses propres au service de la marine, et qui devaient servir sur les barques canonnières au nouveau siége de Mantoue, s'étant rendus de Modène à Reggio, furent accueillis par le peuple avec toutes les démonstrations de la fraternité. Les habitans de Reggio, au nombre d'environ quatre mille hommes, tous armés, se rassemblèrent à minuit sur la place et y plantèrent, le 30 août, 13 fructidor an 4, l'arbre de la liberté, au milieu des cris de vive la république française! Les Corses furent les directeurs de la cérémonie.

La garnison de Reggio, d'environ sept cents hommes, s'étant rendue à Modène, rapporta que les habitans avaient organisé une garde civique, et que tout y était tranquille. Les villes de Carpi, de Carneggio, de Novellara, de Scandiaano, agirent de concert avec Reggio, et la province de Garfaguona suivit aussi leur exemple.

Il y eut des fêtes à Reggio les 15 et 16 fructidor, pour célébrer la révolution qui rendait la liberté. Cette révolution ne coûta pas une larme. La tranquillité et le bon ordre furent constamment maintenus, même au milieu de l'ivresse des fêtes. La garde nationale fut formée et veilla à la sûreté de la ville. Ayant refusé de prêter le serment de fidélité au peuple, la garnison ducale fut obligée de partir pour Modène, et la garde civique occupa tous les postes.

Le commissaire français, Salicetti, étant arrivé à Reggio, un grand nombre de citoyen alla au-devant de lui à un mille de distance de la ville, et il monta dans la voiture du citoyen Trivelli. Peu de tems après son arrivée, quatre députés du peuple de Modène vinrent lui rendre compte des évènemens qui étaient arrivés dans cette ville. Le commissaire fut indigné de la conduite de la régence, et envoya sur-le-champ deux officiers à Modène, pour porter aux régens de cette ville une lettre ainsi conçue :

J'ai appris avec la plus grande indignation la trahison que la régence a osé tenter contre les patriotes de Modène, parce qu'ils demandaient la liberté. Le sentiment du directoire exécutif de la France, est que tous les peuples qui veulent être libres, doivent l'être. La régence doit songer à accorder une prompte liberté au peuple, si elle ne veut se rendre coupable et s'attirer la rigueur extrême d'une république qui ne craint point ses ennemis. La crainte des Français opéra forcément sur la régence l'effet qu'on en attendait.

Une fête très-brillante fut donnée à Reggio, au commissaire Salicetti. Le sénat de cette ville assura, par plusieurs édits, que son Gouvernement était provisoire, et qu'une constitution démocratique serait établie. En attendant, comme les citoyens qui composaient le conseil-général étaient en trop petit nombre, les assemblées de paroisses en élurent dix autres, d'après un plan publié par le sénat. Les conseillers qui ne seraient pas rendus aussitôt à leur poste devaient être remplacés. Le sénat ayant supprimé quelques taxes et diminué les droits d'entrée, le le peuple parut très-content du nouvel ordre de choses.

Arrivé à Bologne, le commissaire Salicetti reçut la visite et les complimens du gonfalonnier et des députés des corps civiques. Il y eut illumination au théâtre, et lorsque le commissaire entra dans la loge civique, des cris de vive la république, mêlés de constitution, de garde civique, se firent entendre de tous côtés. Après le spectacle, les citoyens se rangèrent dans les rues, pour voir passer le commissaire français. A son passage, on fit entendre de nouveau les mêmes cris de constitution et de garde civique. Le commissaire français ayant fait signe qu'il voulait parler, il se fit aussitôt un profond silence. « Citoyens, leur dit-il, vous aurez l'une et l'autre; continuez à vous conduire avec la même énergie; continuez à vous montrer dignes républicains et dignes d'être protégés par la nation française. Il faut, citoyens..... ». Le peuple ne put se contenir d'allégresse et n'attendit pas que le commissaire français eût terminé son discours ; il l'interrompit par des cris de vive la république française ! vive la liberté !

Le lendemain, les députés du sénat de Reggio, et le secrétaire Lamberti se présentent au sénat de Bologne, pour le complimenter et le féliciter. Ils furent accueillis avec les sentimens les plus fraternels, et reçurent l'assurance de l'intérêt que les Bolonais prenaient à l'indépendance et à la liberté des habitans de Reggio, qui se distinguèrent toujours par leur énergie.

Tous les Espagnols ex-jésuites, à la nouvelle des échecs essuyés par les Français, s'étaient montrés partisans déclarés des Autrichiens. Le baron Capelleti, agent de la Cour d'Espagne, résidant à Bologne, avait été aussi imprudent. On voulut les faire partir de cette ville; mais plusieurs sénateurs employèrent tout leur crédit pour que cette affaire n'eût pas de suite, et pour justifier le baron Capelleti. Le sénat publia un édit qui obligea tous les Bolonais à porter la cocarde nationale française, et les étrangers à porter celle de leur nation.

Le sénat reçut ordre du général Buonaparte de faire préparer des logemens pour un corps de douze à quinze mille hommes de troupes qui arrivaient de la Vendée. Ces troupes devaient former un camp d'observation pour en imposer aux ennemis de la république française, et particulièrement au roi de Naples.

D'après la réponse faite par le directoire au ministre du duc de Modène, ce pays devait partager le sort de Milan, de Bologne et de Ferrare. La régence avait jusqu'alors maintenu l'ancien régime dans le duché; mais il touchait à sa destruction, qui avait eu lieu à Reggio, seconde ville de l'Etat du duc. La régence n'avait pas les moyens de tenter une contre-révolution à Reggio, elle était assez occupée à soutenir l'ancien Gouvernement à Modène. D'après les dispositions prononcées des habitans de cette ville, il devenait constant que ces précautions étaient inutiles, et que l'Etat de Modène, comme il le fit, agirait de concert avec Bologne, Reggio et Ferrare.

Les députés de la junte constitutionnelle de Bologne présentèrent le plan de constitution qu'elle avait été chargée de rédiger. Il en fut fait lecture publique ; ensuite le sénat, dans une séance secrette, nomma des commissaires pour en faire un examen approfondi, en les chargeant de lui communiquer les observations qui pourraient tendre à sa perfection et au plus grand bonheur du peuple. Par mesure de sûreté, il fut établi dans cette ville une police extrêmement sévère, pour connaître les étrangers qui s'y trouvaient, ou ceux qui y arrivaient. Telle fut l'origine de la république transpadane, qui, après la paix signée avec l'empereur, se réunît à la république cispadane. Ces deux Etats, qui ne durent leur naissance qu'aux victoires de la France, ne formèrent qu'une république, sous la seule dénomination de république cisalpine. Quant au duc de Modène, ce prince ayant fait transporter à Venise toutes ses richesses et tout ce qu'il avait de plus précieux, se retira dans cette ville.

CHAPITRE VI.

*Position où se trouve Gênes. Dispositions apparentes des flottes anglaise et espagnole. Mesures prises par les Génois, dans le cas d'un nouveau blocus. Entrée du vaisseau anglais l'*Agamemnon *dans le port de Gênes. Départ de la flotte espagnole. Arrivée à Gênes du ministre de la république française. L'ex-ministre français consigné. La république française donne de nouvelles preuves de son attachement à celle de Gênes. Réception du ci-devant envoyé français à Gênes; sa conduite. Injonction de réparer les dommages commis sur le territoire génois. Arrêté du comité de salut-public, sur la navigation des puissances neutres. Cause qui fait abandonner aux Génois les ports du midi de la France. Proclamation pour faire cesser cette cause. Rentrée en France des artistes et des ouvriers éta-*

blis à Gênes. Un convoi français évite la flotte anglaise. La flotte anglaise entre dans le golfe de la Spezia, y débarque trois cents Français et quitte ce golfe. Complots découverts par les Français. Une felouque sarde s'empare de quatre pingres génois chargés de grains pour la France. Discours du ministre sarde au sénat de Gênes, et la réponse. Note du général autrichien Dewins; réponse du sénat génois. Intrépidité de grenadiers français pour reprendre une tartanne enlevée par deux corsaires anglais. Remontrances du ministre français au sénat de Gênes. Réponse du sénat. Les Anglais et les Autrichiens s'emparent de tous les bâtimens chargés de vivres. Note du général autrichien au Gouvernement génois. Réponse du Gouvernement. Déclaration du général Dewins. Explications demandées par le ministre espagnol. Proclamation du général français. Arrivée de la flotte anglaise dans les parages de Gênes. Les Anglais attaquent quatre bâtimens français à l'ancre.

Les bâtimens français célèbrent l'anniversaire de la fondation de la république française, dans le port de Gênes. Excès des Anglais dans les ports des Génois. Mésintelligence entre les Anglais et les Autrichiens dans les Etats de Gênes. Menace d'un nouveau blocus. Mouvemens des coalisés dans Gênes. Arrivée de Salicetti dans cette ville; son discours au sénat. Note qu'il lui rendit. Alarmes répandues dans Gênes, par les partisans de la maison d'Autriche. Proclamation du Gouvernement génois. Arrivée à Gênes du courier expédié à Vienne. Départ d'un envoyé extraordinaire à Paris. Réponse du directoire. Renouvellement d'une cérémonie singulière à Gênes. Nouvelle violation des Anglais. Arrêté qui leur ferme tous les ports de la république génoise.

LA république de Gênes, placée au milieu du théâtre de la guerre, avait des précautions à prendre pour se maintenir dans les lignes de la neutralité qu'elle avait montré tant de courage pour conserver. D'un côté elle avait la France, et de l'autre l'Autriche, et elle voulait se ménager auprès de ces deux puissances, parce que le sort des armes était encore incertain, quoique la fortune dût se déclarer, comme elle le fit, en faveur du parti qui défendait la meilleure cause, celle de la raison, de la liberté et de la justice, contre les partisans de l'esclavage et de l'oppression. Gênes se trouvait dans une position critique. La société patriotique de cette ville prit la résolution d'établir une fabrique de canons et de fusils, et une de salpêtre. Elle destina une médaille d'or au premier qui élèverait un établissement de ce genre.

La républiqne de Gênes allait se trouver exposée de nouveau. L'escadre espagnole de l'amiral Langara était rentrée dans la Méditerranée. Ses efforts paraissaient tendre à établir, de concert avec les Anglais, un blocus le long des côtes, à partir du cap de Mêle. Les Génois prirent, en conséquence, la précaution de louer tous les bateaux plats qui pouvaient longer les côtes, dans la vue de s'en servir pour continuer leur commerce avec les ports de France. Il arriva à Gênes quatre petits bâtimens de guerre français chargés de dépêches pour les lieux de domination génoise où les Français avaient des consuls. L'un d'eux en remit également au consul et au ministre de France près le Gouvernement de Gênes. Quelques jours après, tous les vaisseaux marchands français qui étaient dans le port, partirent sous l'escorte de ces quatre bâtimens.

Le vaisseau anglais l'*Agamemnon*, de soixante quatre canons, entra dans le port de Gênes, il parut être une avant-garde venue pour consulter l'opinion publique. L'*Agamemnon* fut froidement accueilli par le peuple génois; mais il fut salué par l'artillerie des forts. Le Gouvernement de Gênes n'avait pas des forces assez imposantes pour se souvenir du blocus de son port, et de la manière dont il avait été levé, ni du sang des Français égorgés dans ce même port par les Anglais.

L'escadre espagnole qui s'était réunie à la flotte anglaise, à la hauteur du golfe Juan, fit voile pour Valence, d'où elle devait retourner à Cadix. La flotte du golfe de Bozas devait se rendre également dans ce dernier port. Ces mesures étaient produites par les craintes sérieuses que les victoires réitérées des Français contre les Espagnols, causaient à la Cour d'Espagne.

Le citoyen Villars arriva à Gênes le 5 octobre 1794, pour remplacer le citoyen Tilly, en qualité de ministre de la république française. Tel est l'effet de la politique reçue. Il faut pour elle que les nations soient surchargées de dépenses extraordinaires.

Les peuples sauvages n'ont point de diplomatie. La nature de leurs communications consiste à se conserver et à se défendre par la force des armes et l'intrépidité de leur courage; la paix n'en est pas moins assurée chez eux. Ces peuples sont plus près de la nature; c'est la cause pour laquelle ils reçoivent, des nations qui s'en sont le plus éloignées, le nom de sauvages.

Chez les anciens républicains, les traités

étaient les ordres et les loix que les vainqueurs imposaient aux vaincus. Quelques traités d'alliance sont les seuls fragmens qui restent de la diplomatie des anciennes républiques. Le tems a détruit ou entraîné dans l'oubli la politique des monarchies antiques. Leur histoire ne nous a transmis que des révolutions et des conquêtes. Chaque roi opprimait ou bouleversait dans ses Etats. Tels ont été, pour la plupart, les despotes de la première monarchie des Assyriens, et les anciens rois de l'Egypte. Chaque roi faisait des conquêtes au loin, lorsqu'il en avait la puissance; Bélus, Vexorius, après eux, Cyrus, Alexandre, en ont donné la preuve. On ne voit nulle part, dans les faits de l'histoire, qu'aucun prince ait fait la guerre pour contraindre ses voisins à faire la paix.

Deux époques sur-tout ont signalé le règne de la politique. La première fut celle où l'ambition des papes résolut d'asservir la terre, en faisant descendre du ciel le droit de commander aux hommes et de donner ensuite les Etats qui ne leur appartenaient pas. La fourberie et le fanatisme furent les bases et les instrumens des nouveaux maîtres de Rome, l'abrutissement et l'esclavage en furent l'ouvrage et le résultat. On ne peut parler, sans frémir, de tant de maux et de tant d'infortunes.

La force et l'ignorance mirent dans les siècles barbares de la féodalité les hommes dans les fers. L'adroite politique des Cours vint consacrer leur servitude. En approfondissant les causes du mal, et celles qui ramenèrent les peuples d'un esclavage dans un autre esclavage, on voit que la philosophie a vengé leurs droits envahis, qu'elle réparera l'injure des révolutions et des tems, et qu'on connaîtra à l'aide de ses lumières, pour les éviter, tous les maux qu'a produits la politique.

Rendu à Gênes, le citoyen Villars, ministre plénipotentiaire de la république française, reçut les complimens d'usage, et de part et d'autre on fit les discours ordinaires que prescrit la diplomatie. Drake, ministre plénipotentiaire anglais, arriva aussi à Gênes; mais il ne fut pas long-tems sans prendre congé du doge, pour retourner à Londres.

L'ancien ministre français, le citoyen Tilly, fut consigné aussitôt après son arrivée à Vado, et fut mis sous la garde de quelques gendarmes qui devaient le conduire à Paris.

Pour donner des preuves nouvelles de l'attachement de la France à la république génoise, le comité de salut-public fit présenter au Gouvernement de Gênes par le ministre français auprès de ce Gouvernement, son arrêté qu'il avait pris, et qui portait que les propriétés mobiliaires ou immobiliaires appartenantes à des génois dans l'étendue des pays qui étaient ou devaient être conquis par les armées françaises ne seraient soumises à aucun des actes autorisés par le droit de la guerre. Les dispositions de cet arrêté furent reçues avec plaisir des Génois.

Naillac, ci-devant envoyé français à Gênes, se présenta chez le nouveau ministre français, le citoyen Villars. Il en fut chassé brusquement, quoiqu'il se fut annoncé comme chargé par la Cour de

Naples de traiter diverses affaires. Naillac, au lieu de retourner à Paris, après avoir terminé sa mission à Gênes, était allé à Toulon, et on l'accusait d'avoir été un des négociateurs qui livrèrent cette ville aux Anglais.

Il avait été fait quelque dommage sur les terres de Gênes, le représentant du peuple qui se trouvait à Nice, enjoignit aux généraux de la part du Gouvernement français de réparer les dommages qui auraient pu être commis sur le territoire génois, de restituer aux propriétaires les terres qui leur avaient été enlevées, et sur-tout de ne se mêler en rien des affaires du pays.

Le ministre français fut chargé de faire part de ces dispositions au Gouvernement génois et lui annoncer que le ci-devant ministre à Gênes avait à rendre auprès du comité de salut-public un compte sévère de sa conduite pendant sa mission.

Le citoyen Villars annonça que Buonarotti, commandant de Loano, serait repris pour avoir osé confisquer le fief du marquis de Palestrino, piller son château, et lui écrire en termes injurieux. Le fief fut aussitôt restitué.

M. Boccardo, chargé d'affaire de la république génoise à Paris, écrivit au Sénat : Le commissaire des relations extérieures m'a fait remettre un arrêté des trois comités de salut-public, des finances et de commerce sur la navigation des puissances neutres, qui porte que les bâtimens neutres pourront entrer et sortir librement et sans aucun obstacle ni retardement des ports de France, et sans pouvoir être forcés à vendre leur chargement, etc. Cet arrêté, outre qu'il était très-favorable aux puissances neutres, était encore une preuve de l'esprit de modération et de justice qui régnait dans le Gouvernement français, envers ces puissances; aussi les dispositions renfermées dans cet arrêté, satisfirent beaucoup le Sénat de Gênes.

Les Génois paraissaient avoir abandonné tous les ports du midi de la France. Les vexations et les violences employées envers plusieurs matelots et patrons les avaient totalement découragés et consternés. Un grand nombre de bâtimens chargés de grains pour Nice, y étaient attendus avec impatience. Les équipages s'étaient absolument refusés à partir et quelques autres déjà arrivés au port Maurice, rebroussèrent chemin et rentrèrent dans le port de Gênes.

Le représentant Prost s'empressa aussitôt de prévenir les effets dangereux qui devaient nécessairement résulter d'un pareil mécontentement des Génois. Il fit publier un arrêté, traduit en italien, par lequel il promettait sûreté, propriété et liberté aux Génois ; que jamais et sous aucun prétexte, il ne leur serait fait la moindre violence ; que justice leur serait rendue pour tous les torts qu'ils avaient éprouvés et pour les actes arbitraires auxquels ils avaient été obligés d'obéir.

Cette proclamation mit fin aux impressions défavorables que l'on avait voulu donner aux Génois. La famine qu'on avait voulu attirer dans le midi, n'étendit pas ses ravages sur cette belle contrée, et les projets désastreux et perfides de ceux qui voulaient organiser le trouble et exciter à la révolte, par ce moyen, les habitans des départemens

départemens méridionaux de la France, furent ainsi déjoués.

De nouvelles fabriques s'étaient établies à Gênes par le moyen des artistes et des ouvriers français qui, depuis un an, s'étaient réfugiés dans cette ville, à cause du régime du Gouvernement révolutionnaire. Ces établissemens se trouvèrent détruits par la nouvelle du décret de la convention qui distinguait de la classe des émigrés les citoyens qui s'étaient exilés par la seule frayeur.

La flotte anglaise aux ordres de l'amiral Hotham avait repris sa croisière. Elle rencontra trois frégates françaises venant de Tunis avec un convoi de bâtimens de commerce. Les Anglais firent force de voile pour leur donner la chasse; mais étant sous le vent, ils ne purent les joindre. Les ministres du Milanais et de Sardaigne avaient à Gênes de fréquentes conférences avec le ministre d'Angleterre. Il y avait à Gênes une grande quantité de grains achetés pour le compte de la république française, qui depuis long-tems en éprouvait le besoin, et dont les Anglais desiraient s'emparer. Une partie avait déja été expédiée, et le reste ne devait pas tarder à l'être.

Après le combat naval contre la flotte française, l'escadre anglaise se retira dans le golfe de la Spezia. Le gouverneur notifia à l'amiral anglais la loi qui ne permettait pas aux vaisseaux de guerre d'entrer au nombre de plus de cinq dans les ports de la république de Gênes. L'amiral répondit que la nécessité l'avait forcé à y entrer, mais qu'il en sortirait incessamment. Cette escadre était composée de dix vaisseaux de ligne, de dix tant frégates que cutters et des deux vaisseaux français pris dans le combat naval.

L'amiral anglais demanda la permission de débarquer trois cents Français blessés. Le gouverneur de la Spezia fit part de cette demande au Gouvernement de Gênes qui répondit qu'elle lui serait accordée, à condition que les Français demeureraient libres, aussitôt qu'ils auraient touché le sol de la république. L'amiral y consentit, pourvu que les Français promissent sur leur parole d'honneur de ne plus servir contre l'Angleterre. En conséquence l'envoyé français expédia deux bâtimens avec des chirurgiens et des hommes de peine pour recevoir les blessés et les transporter dans le Lazareth.

La flotte anglaise, d'après la sommation qui lui fut faite par le Gouvernement de Gênes, quitta le golfe de la Spezia. Elle mit à la voile et se dirigea vers le midi.

Les Français, depuis que la ville d'Orméa était en leur pouvoir, découvrirent plusieurs complots dont le but était de les en chasser. Ils prirent sur le fait des prêtres qui, au moyen d'une correspondance secrette, avaient tramé une conspiration contre eux. On les conduisit à Nice, pour que leur procès y fut instruit.

Les Français firent des approvisionnemens de toute espèce dans la rivière de Gênes, et quinze mulets chargé de numéraire destinés à des achats de grains en Afrique, arrivèrent chez le ministre de la république française. Une felouque armée secrettement partit du port de Gênes pendant la nuit, et en sortant elle arbora pavillon génois. Elle ne fut pas plus tôt hors de la portée des batteries, qu'elle hissa pavillon sarde; le lendemain elle s'empara de quatre pingres génois, chargés de grains pour la France. Deux de ces pingres entrèrent dans le port deux jours après, ayant mis aux fers les mariniers que le commandant de la felouque avait mis à bord avec ordre de les conduire à Saint-Florent dans l'isle de Corse.

On craignit dans Gênes qu'il ne s'élevât une rixe entre le navire anglais l'*Argo* et les frégates françaises qui étaient dans ce port. Deux frégates anglaises ayant paru devant la rade, l'*Argo* mit à la voile avec elles.

Le roi de Sardaigne ayant envoyé un ministre extraordinaire auprès de la république de Gênes, ce ministre fit imprimer et publier le discours qu'il prononça au Sénat génois, en présentant ses lettres de créance. Ce discours contenant un assez grand nombre de fausses allégations, le secrétaire de la république génoise y répondit par la voie de l'impression d'une manière précise et énergique.

Il lui rappela les procédés de la Cour de

Turin en beaucoup d'occasions, le refus par elle de ratifier les traités conclus en 1791, l'occupation violente d'une partie du territoire génois, la dévastation de plusieurs villages, la protection long-tems accordée aux corsaires de Loano et d'Oneille contre les bâtimens de la république, l'inutilité des démarches faites par le Sénat pour demander les réparations convenables et l'exécution des traités et plusieurs autres sujets de plaintes que la république génoise avait contre le Gouvernement sarde.

Le géneral autrichien, Dewins, commandant en chef l'armée austro-sarde, remit, le 11 juin 1794, une note au Sénat de Gênes, dans laquelle il demandait l'entrée des armées impériales sur le territoire de la république et son approvisionnement sur le lieu, sauf le paiement des objets consommés. Le Sénat génois répondit qu'il protestait contre cette violation de sa neutralité. Il représenta que l'entrée des troupes impériales établissant le théâtre de la guerre sur le territoire de la république de Gênes, il devait faire valoir cette considération importante.

L'armée autrichienne était sur les frontières de la république de Gênes, et les Génois s'attendaient à les lui voir franchir. La demande de passage qu'avait faite le général Dewins n'était qu'une pure cérémonie de politesse, et la protestation du Sénat ne pouvait manquer d'être sans effet.

Dans la nuit du 6 au 7 thermidor an 3, deux corsaires anglais vinrent enlever une tartanne française mouillée à Albinga. Le lendemain il fit calme, et les deux barques corsaires remorquèrent la tartanne et furent obligés pour prendre le vent de s'approcher de la pointe de Borghetto : une pièce de 36, qui y était en batterie, tira deux coups, et au même moment des grenadiers français se jetèrent avec intrépidité dans de petits bâtimens qui étaient sur la plage : les corsaires prirent la fuite, la tartanne française fut atteinte, les grenadiers la reprirent à l'abordage et firent prisonniers tous ceux qui étaient à son bord.

Le ministre de la république française, fatigué autant qu'indigné des violences exercées par les ennemis de la république française contre les bâtimens chargés de vivres pour la France et contre tous les autres bâtimens, autorisa provisoirement les vaisseaux français à saisir tous les bâtimens étrangers ou génois chargés de vivres pour l'ennemi et à les amener dans les ports de l'Etat de Gênes où ils devaient demeurer en séquestre.

Deux corsaires français ayant, en vertu de cet ordre, pris quatre bâtimens génois chargés pour l'ennemi, le Gouvernement génois les fit reprendre et ordonna à l'équipage de débarquer.

Le ministre français, le citoyen Villars, fit de sérieuses remontrances au Sénat génois; mais le lendemain les corsaires se disposant à repartir en course, on fit des batteries génoises le signal de la menace d'une décharge. Le ministre français présenta une note dans laquelle il rendit le Gouvernement et les conservateurs de la mer responsables des évènemens, et avertit qu'il allait instruire des faits la convention nationale. Cependant un corsaire ayant essayé de sortir, il fut tiré un coup à mitraille sur lui. Un homme de l'équipage fut tué et plusieurs furent blessés.

Le citoyen Villars se transporta sur-le-champ chez le ministre d'Etat; et, après de vives remontrances, il lui laissa la lettre suivante :

« Il n'est plus possible de réprimer l'indignation que tous les Français qui sont à Gênes ont ressentie en apprenant l'assassinat qui a été commis hier 10 août 1794, sur la personne de l'un de leur compatriotes. J'en donne avis au seigneur-secrétaire d'Etat pour n'avoir rien à me reprocher sur les conséquences incalculables que cette affaire produira nécessairement. Les officiers qui commandaient hier le poste de la lanterne et au Môle, sont encore à leur poste. Il est donc clair que le Gouvernement génois est de connivence avec eux et avec les magistrats des conservateurs de la mer, lesquels ont concouru à cet ordre infâme par lequel les Français ont été assassinés. Mais puisque le soussigné n'a pu réussir à faire entendre au Sénat les justes réclamations qu'il lui a adressée hier au soir ; puisque sa note est restée sans réponse, il déclare :

1°. Qu'il considère comme autant d'actes d'hostilités commis contre la république française, tout ce qui a été fait depuis un mois dans les ports de la république de Gênes, et spécialement l'assassinat commis hier à la vue de tout le peuple de cette ville ;

2°. Qu'en indiquant au sérénissime Gouvernement les moyens propres à calmer le juste ressentiment dont seront pénétrés la convention nationale, les armées de terre et de mer et tout le peuple Français, il n'a pas prétendu satisfaire entièrement à la vengeance que la nation qu'il représente doit prendre de l'outrage qui s'est renouvellé pour la seconde fois dans ce port, au grand scandale de tous les spectateurs ;

3°. Qu'en demandant une pension pour la veuve et les enfans du français qui a été assassiné, parce qu'il exécutait les ordres de son ministre, il n'a pas entendu pourvoir à l'existence de cette famille. La convention nationale doit seule avoir l'honneur de pourvoir à ses besoins. Son but a seulement été de fournir au sérénissime Gouvernement l'occasion de donner une preuve particulière de son repentir, et d'étouffer, s'il est possible, dans le sein de cette famille, le cri de la vengeance qui se fait entendre dans le cœur de tous les Français.

Le soussigné demande une réponse cathégorique et prompte à cette note et à celle d'hier. Les moyens et les prétextes dilatoires sont hors de saison. Il convient que le Gouvernement génois s'explique définitivement dans le jour, d'une manière franche et nette, afin que la république française sache positivement 1°. Si sa promesse de neutralité dont on a si étrangement abusé depuis long-tems est un moyen choisi pour servir les ennemis de la France, en faisant semblant de servir ses intérêts; 2°. Si le sérénissime Gouvernement consent à ce que quelques génois, ennemis du peuple Français et du Gouvernement qu'il a adopté, parviennent à sacrifier les vrais intérêts de la république de Gênes à leur orgueil et à leur cupidité; 3°. Si finalement l'amitié que le sérénissime Gouvernement dit avoir pour la France est un sentiment fictif ou vrai, dans lequel la nation française puisse ajouter foi.

Le Gouvernement Génois répondit, le 13 août 1794, à cette note, « qu'il avait fait arrêter les officiers du poste et le canonnier qui avait tiré à mitraille, pour savoir d'eux de qui était venu l'ordre de faire feu ; que les corsaires Français pourraient sortir ; que le consul Anglais ayant demandé si les bâtimens de la nation étaient en sûreté », Il avait été répondu, que les Français avoient donné leur parole d'honneur de respecter le port. Le praticien Durazzo fut nommé pour conférer avec le ministre français, le citoyen Villars, au sujet du dernier différend.

La flotte anglaise, commandée par l'amiral Hotham, ayant quitté Saint-Florent, s'était retirée à Livourne. Les Anglais continuaient néanmoins d'empêcher dans les parages de Gênes toute espèce de commerce. Ils envoyaient aux Autrichiens à Vado, les bâtimens chargés de grains et de comestibles qu'ils interceptaient. L'escadre anglaise passa dans les eaux d'Alassio et découvrit un grand nombre de bâtimens à l'ancre. Elle envoya neuf chaloupes armées pour s'en emparer; mais un grand nombre de paysans Génois et des Français accoururent, armèrent une tartanne et sauvèrent ces bâtimens à l'exception d'un seul.

L'obstination avec laquelle les Anglais et les Autrichiens interceptaient tous les bâtimens chargés de vivres pour les villes de la rivière, réduisirent ce pays à la situation la plus désespérée. L'indignation ayant éclaté en plaintes amères, le général autrichien Dewins écrivit au Gouvernement Gênois la lettre suivante :

La détresse qu'éprouvent les habitans de la rivière du Ponent, ne provient point de la volonté des armées coalisées, mais bien de la sérénissime République elle-même, au moins de ceux qui ont donné le conseil de laisser entrer les Français dans la rivière. Les attaques, au moyen desquelles on a chassé ceux-ci de plusieurs lieux, ont coûté du sang à l'empereur, et par cette raison tout le terrein qu'occupe l'armée impériale, pourrait être regardé comme une conquête faite sur l'ennemi, et non comme pays appartenant à la sérénissime république, laquelle ne s'est pas donné la peine de le conserver contre l'ennemi ; mais la république doit à la bonté de sa majesté impériale de lui en avoir laissé les droits de souveraineté, quoique sa conduite ait fourni des motifs de la traiter de la même manière qu'elle a agi à l'égard de l'armée impériale. Il est de fait que plusieurs personnes ont été arrêtées pour cela seulement qu'elles avaient eu la curiosité de venir voir l'armée inpériale à Dego.

Il a été en outre donné réfuge dans le chemin couvert aux Français repoussés par nos troupes, quoique les premiers eussent les armes à la main, et on a fait feu sur les troupes autrichiennes au moment qu'elles approchaient. Au lieu que moi, conformément aux ordres de mon souverain, je fais observer la discipline militaire la plus rigoureuse, et payer en bons deniers comptans. Mais le devoir militaire m'oblige de traiter ce terrein militairement, comme pays conquis sur l'ennemi et regarder le pays encore occupé par les Français, comme pays ennemi. Je regarde donc le reste de la rivière du Ponent à commencer de Borghetto, comme s'il était enclavé dans les frontières de la France; par suite toute correspondance doit être interrompue avec un pays ennemi; et comme l'armée française se soutient depuis trois ans par le moyen du commerce avec la sérénissime république, cette circonstance exige une rigueur plus qu'ordinaire, afin que les provisions que l'ennemi a tirées, à l'aide de divers titres ou fraudes, soient totalement interrompues.

Je sais que les Français vont de maisons en maisons prendre les farines et comestibles. Si donc j'en envoyais aux habitans de cette contrée, ce serait en envoyer aux Français eux-mêmes, et nourrir l'ennemi, lequel sera sous peu réduit à manquer de tout, et à abandonner un pays dans lequel on n'eût jamais dû le laisser entrer.

Les Français achètent des grains à Gênes et ailleurs, en payant en marchandises de toute espèce ; laisser passer des marchanses, serait donc stimuler les négocians à courir quelque risque pour faire passer des grains. L'arrestation des couriers est encore une suite des précautions nécessaires pour notre propre sûreté.

Les discours insensés de divers particuliers de Gênes qui veulent porter à armer le peuple contre les armées impériales, sont la cause qui rend nécessaire la précaution d'examiner les correspondances réciproques. Les plaintes et les malédictions du peuple qui souffre de ces loix nécessaires, ne peuvent être dirigées contre moi, mais bien contre ceux qui ont donné le conseil à la sérénissime république de laisser entrer les Français dans la rivière.

Le Gouvernement gênois répondit au général Dewins : L'improbation contenue dans le mémoire de M. le général baron Dewins à l'accès donné par la sérénissime république dans ses Etats aux troupes françaises est manifesté précisément par les Français, parce que la république a laissé entrer l'armée autrichienne. Dans la vérité cette improbation n'est raisonnable, ni méritée d'aucune part. C'eût été en vain qu'on se fût opposé à l'entrée de M. le général, ainsi qu'à celles des troupes françaises. Il suit de-là qu'on doit abandonner les conséquences qu'on induit d'un pays conquis et l'idée de regarder la rivière, à commencer de Borghetto, comme un pays Français.

La conduite du Gouvernement ne peut point non plus recevoir aucune défaveur des discours indirects qui, dans un pays libre, peuvent émaner indifféremment d'un parti ou de l'autre, et les opinions particulières n'influent point sur celles du Gouvernement, toujours attaché aux mesures promises à toutes les puissances, et qui sont religieusement observées.

Quant à l'arrestation de quelques personnes qui étaient allées voir l'armée autrichienne, elle a été la suite de l'indiscrétion de deux chapelains de la forteresse et d'un de leurs frères séculiers, parce qu'en se portant aux postes avancés des Autrichiens, une telle visite étrangère à leur institut, devait être remarquée par les ennemis

ennemis des Autrichiens, et compromettre les regards toujours jaloux de la neutralité.

Le Gouvernement n'a pu être indifférent à l'arrestation de ses propres couriers, d'ailleurs revêtus d'une marque publique, ainsi qu'il avait été suggéré par des généraux autrichiens.

Le Gouvernement ne peut exprimer combien il a à cœur de pourvoir aux besoins d'un peuple innocent. Il renouvelle, pour cet effet, ses plus vives remontrances, observant qu'il n'y a pas un seul jour à perdre.

Une telle condescendance de la part du général en chef sera une conséquence des sentimens d'humanité exprimés par lui, et de la justice de son auguste souverain; elle sera cohérente aux principes publiés dans son manifeste d'entrée, où il exposa qu'il respecterait exactement la neutralité du territoire de la république de Gênes.

Les petits succès que les Autrichiens avaient emportés sur les Français avaient enflé leur orgueil. Aussi ils firent paraître auprès du sénat de Gênes, cette marque de cette hauteur qui revient toujours dans la maison d'autriche à la moindre lueur de bonne fortune. Ce fut cette manière d'agir de la part de la Cour autrichienne qui fit dire à Frédéric II dans l'*Histoire de Montems* : « J'ai toujours été dans l'opinion que, pour qu'une négociation réussit avec les Autrichiens, il fallait auparavant les avoir battus. On a vu de tous tems l'esprit de la Cour d'Autriche suivre les impulsions brutes de la nature : enflée dans la bonne fortune et rampant dans l'adversité, elle n'a jamais pu parvenir à une sage modération. » Ces maximes politiques du vieux Frédéric furent le résultat des expériences qu'il avait faites lui-même de la Cour de Vienne, et de celles qu'il avait vu faire par d'autres, car nul homme ne sut tirer plus de profit des expériences. L'autorité de son exemple et de son jugement ne dut pas être perdue pour les Français qui furent à même de se convaincre à la fin de l'unique moyen de faire une bonne paix avec les Autrichiens; et de les battre était de se tenir sur ses gardes avec le cabinet de Vienne qui jouait toute l'Europe depuis plus d'un siècle.

Le général autrichien, le baron Dewins fit, le 8 septembre 1794, une déclaration portant que : par suite du traité conclu entre la France et l'Espagne, tous les bâtimens chargés de grains, de comestibles et de munitions de guerre, seraient arrêtés par les impériaux et considérés comme bonne prise.

L'envoyé d'Espagne auprès de la république de Gênes, informé de cette déclaration, demanda les explications suivantes : 1°. Si le général Dewins insistait sur le projet d'intercepter et condamner comme bonne prise, tout chargement parti de Gênes pour l'Espagne, bien qu'il fût muni de papiers et de témoignages dans les formes ordinaires, pour prouver sa destination ; 2°. dans le cas que ce ne fût pas-là son intention, quels documens, formalités et légalisations seraient nécessaires pour faire cesser toute espèce de doute aux yeux du général Dewins, et lui donner l'assurance que le chargement était de fait pour l'Espagne, et non pour autre lieu; 3°. si l'ordre notifié du général Dewins s'entendait seulement par rapport aux bâtimens génois, ou encore à ceux qui avaient patente et pavillon espagnol; 4°. si ledit ordre du général s'entendait seulement des bâtimens qui allaient pour le compte et aux risques des génois, ou s'il s'etendait pareillement à ceux qui allaient pour le compte et le risque des espagnols.

Le général Dewins répondit que ses intentions avaient été mal interprêtées, que les prohibitions dont il était question ne regardaient que les vivres et les munitions de guerre; attendu que les vivres qui allaient le long des côtes de France, étaient exposées, par suite de leur rareté dans ce pays, à être arrêtées de vive force, et que la mauvaise-foi des négocians ôtait toute créance aux lettres, papiers et documens auxquels on devait s'en rapporter. Il ajouta qu'il regarderait du même œil les bâtimens de toutes les nations qui n'étaient pas maintenant en guerre avec l'empereur, à l'exception de ceux qui concouraient à faire vivre l'ennemi : enfin il termina en déclarant que le ministre britannique, Drake, avait positivement assuré que l'Espagne n'avait aucun besoin de vivres.

D'après cette réponse, le ministre espagnol publia une note dans laquelle il exposait que, sans s'arrêter à examiner s'il avait bien interprété les intentions du général, dans un entretien familier qui avait eu lieu, il y avait deux mois, avec le ministre anglais, celui-ci avait dit qu'il ne pensait pas que l'Espagne en ce moment eût besoin de grains, parce que les commerçans ne faisaient pas les demandes accoutumées, on ne devait pas pour cela croire qu'il n'en serait pas besoin à l'avenir, non plus qu'on ne pourrait pas faire d'autres expéditions qui n'avaient jamais été regardées comme suspectes; et moins encore que le général Dewins pût mettre aucun obstacle au droit incontestable qu'a le roi d'Espagne et ses sujets de faire venir des munitions et des comestibles de toute sortes, du port de Gênes, ou de tout autre pour les ports d'Espagne.

Les Français ayant pris, sur la plage du port Maurice, un bâtiment anglais venant de Corse, et le commandant du fort gênois ayant fait feu sur les Français dans cette occasion, le commandant français à Oneglia adressa, aux habitans du port Maurice, une proclamation dans laquelle, après avoir mis sous leurs yeux la modération et les égards scrupuleux des Français envers ce pays, il ajouta : puisqu'aujourd'hui l'ennemi voisin par terre et par mer, menace votre république et la nôtre, qu'il assassine et pille vos bâtimens et les nôtres, qu'il suborne vos soldats jusques dans vos forteresses, et qu'il vous réduit à la famine; aujourd'hui que le baron Dewins proclame hautement que tous les pays qu'il occupera seront regardés comme pays de conquête, et qu'on cherche encore à vous abuser sur les intentions des Français et des Autrichiens, je vous préviens que de nombreux renforts arrivent pour se joindre aux Français qui sont ici pour vous défendre, pour assurer le triomphe des deux républiques, rétablir votre commerce, r'ouvrir vos communications, et faire renaître votre liberté compromise.

C'est dans ce moment même que la plus noire perfidie veut revêtir d'un caractère hostile l'héroïsme des Français qui se rapprochent de vous pour éloigner les bâtimens anglais, et pour assurer la visite d'un navire suspect d'être chargé pour le compte de nos ennemis communs; et dans ce même moment, en plein jour, le canon dirige la mort contre nos corsaires; ces mêmes corsaires qui, sous vos yeux, ont sauvé vos bâtimens de la fureur anglaise. Peuple du port Maurice! gênois, soyez persuadés que les Français n'ont d'autres objet en vue que votre félicité; rejetez avec indignation les fausses insinuations et les manéges hostiles de ceux qui cherchent à vous animer contre vos véritables frères et vos amis. Cette proclamation fit, sur l'esprit des habitans du port Maurice, l'effet qu'elle devait produire; elles les fit tenir en garde contre les suggestions qu'on répandait pour les préoccupper contre les Français, elle servit à leur faire connaître qu'ils avaient été les dupes de la perfidie, et à distinguer leurs véritables ennemis.

L'escadre anglaise, après être restée dans la rade de Livourne, pour acheter des munitions de tous les genres, mit à la voile le 6 septembre 1794. Elle était composée de dix-neuf vaisseaux de ligne, de deux vaisseaux napolitains et de deux frégates. Elle se trouva encore accrue, le 7, de deux autres vaisseaux de ligne et de deux frégates. Cette escadre, arrivée dans les parages de la république de Gênes, longea les côtes de la rivière du Ponent, avec l'intention manifeste de séconder les opérations de l'armée autrichienne et piémontaise.

Un vaisseau anglais attaqua quatre bâtimens français à l'ancre, sous le canon d'Alakio. Les batteries gênoises ayant fait feu, le vaisseau anglais riposta, et s'empara de trois bâtimens français et brûla l'autre. Le Gouvernement gênois fit les remontrances les plus fortes et les plus énergiques.

Les bâtimens français qui se trouvaient

dans le port de Gênes, célébrèrent le 21 septembre, l'anniversaire de l'établissement de la république française. Rien de ce qui annonçait l'allégresse ne fut oublié. L'équipage d'un brigantin espagnol qui était à l'ancre dans le port de Gênes fraternisa avec les Français. Six navires anglais qui étaient à la portée du canon, furent, malgré eux, témoins de cette fête joyeuse. Le palais de l'ambassadeur, et la maison du ministre de France furent illuminées.

La croisière des Anglais se tenant toujours vers le levant, les navires idriots et les corsaires français profitaient de cette position pour entrer et sortir, souvent même ils amenaient des prises en passant devant l'ennemi.

Le ministre anglais se plaignit au Gouvernement d'un négociant gênois, parce qu'il l'avait accusé de monopole et d'agiotage. Les Anglais ne renonçaient pas à leurs excès; des frégates de cette nation se permirent de canonner, sur la plage vers Nervi, plusieurs bâtimens idriots qui venaient du Levant, d'où ils apportaient des grains. Les habitans étant accourus en armes, les Anglais se retirèrent. Un vaisseau de ligne et une frégate de la même nation étant entrés dans le port, malgré tous les signaux, la bonne contenance des frégates françaises les forcèrent à s'éloigner.

Un bâtiment, parti de Gênes avec quatre-vingt-dix émigrés qui se rendaient secrettement en France, fut pris en route par un corsaire français, et fut conduit à Oneille. Un convoi français partit aussi du port de Gênes et se rendit partie à Nice, partie à Toulon et à Antibes. La frégate la *Vestale*, la corvette la *Brune* et deux cutters escortaient ce convoi qui rencontra dans les eaux de Vado trois frégates anglaises dont l'une s'approcha jusqu'à la portée du pistolet de la *Vestale*. Celle-ci fit une décharge tant de son artillerie que de fusils, et l'action paraissait devoir devenir sérieuse; mais le vent qui sépara les deux frégates la fit cesser. La Vestale, les deux cutters et les bâtimens marchands arrivèrent à leur destination.

La corvette la *Brune* se trouvant à la

distance d'environ quatre mille du reste du convoi, et s'appercevant que, si elle continuait sa route, elle courait risque de se trouver bientôt au milieu des frégates anglaises, revira de bord. Elle parvint à se refugier dans le golfe de la Spezia, malgré qu'elle fût poursuivie par l'ennemi qui ne cessa son feu qu'au moment où elle fut dans le golfe, et elle profita de la nuit pour revenir dans le port de Gênes.

Les alliés commençaient à être en més-intelligence, et l'on voyait que leur société tendait déjà à sa dissolution. Les Anglais n'agissaient plus de concert avec les Autrichiens; ceux-ci ne voulaient se départir d'aucune chose. Entre beaucoup d'autres, le fait suivant prouva combien il y avait peu d'égards.

Le ministre anglais avait donné plusieurs attestations, munies du sceau public du Gouvenement gênois, pour transporter les vivres nécessaires dans la rivière. Le général autrichien, Dewins, déclara qu'il était passé assez de vivres dans ces contrées, et les attestations du ministre anglais ne furent plus reçues.

Les Autrichiens ayant armé quelques petits bâtimens, pour aller en course, les mirent sous les ordres du nommé Cunéo. Ces corsaires firent à tous les bâtimens qu'ils rencontrèrent le signal d'amener. Quand ils s'y refusaient, on les arrêtait, et les passagers, avec le patrons, n'étaient relâchés que moyennant une rançon de cent sequins. Ceux qui ne faisaient pas de résistance étaient seulement imposés à une taxe proportionnée à leur cargaison ; de sorte que, soumis ou non, il n'en fallait pas moins payer ce qu'on avait demandé. Cunéo, chef des corsaires autrichiens, rentra, le 11 novembre 1794, dans le port de Gênes, en même tems qu'une corvette française. L'amiral Hotham avait cédé, le 8, le commandement de l'escadre anglaise mouillée dans la rade de Livourne, au vice-amiral Parker qui arbora son pavillon sur le vaisseau la Bretagne.

Les Gênois, depuis la difficulté élevée entre leur république et le général Dewins, firent de fréquentes patrouilles, et se tenaient sur leur garde. L'escadre anglaise parut vers la fin de frimaire, an 4, à la hauteur du port de Gênes. Depuis que les Français s'étaient rendus maîtres de Vado, les galères napolitaines avaient quitté ce port, et quelques-uns des corsaires et autres bâtimens qui s'y trouvaient, se retirèrent, partie à Porto-Fino, partie dans le port de Gênes.

Les Français s'étant emparés, à Savone, d'une chaloupe, de deux officiers et de quelques matelots anglais, envoyés dans le port par un vaisseau de la même nation; le bâtiment se rendit à Gênes pour reclamer contre la prise de sa chaloupe. Il menaça Gênes d'un nouveau blocus, de sorte que quelques navires qui s'y rendaient, furent forcés de rebrousser chemin. Les goëlettes et felouques parties de Vado, avant que le gros tems pût s'opposer à leur navigation, coururent cependant le risque de se perdre. Elles arrivèrent enfin à Porto-Fino où elles reçurent toutes sortes de secours.

Les attentions du Gouvernement de Gênes, tant pour les Napolitains que pour les Autrichiens, se firent remarquer et furent fort utiles aux uns et aux autres.

Les soldats allemands, obligés de se retirer, les uns blessés, les autres malades, sans connaître les routes ni la langue du pays furent secourus par le gênois avec humanité, et conduits dans les hôpitaux où ils furent bien traités.

Le citoyen Villars, ministre auprès de la république de Gênes, ayant fini sa mission, le directoire exécutif de France confia l'exécution au citoyen Salicetti. Le citoyen Cacault fit les fonctions de chargé d'affaires, en attendant l'arrivée du citoyen Faypoult.

On remarquait, depuis quelque tems, que le parti de la coalition, dans cette ville, se remuait beaucoup, s'agitait, exaltait les dispositions de l'armée autrichienne et piémontaise, et atténuait les succès des Français. On n'était point dupe à Gênes de ces menées qui ne supposaient que beaucoup d'incertitude et beaucoup de craintes. Les Français d'un côté, et l'empereur de l'autre, exigeaient la possession de la forteresse de Savone. Une division de la flotte anglaise de dix vaisseaux de ligne et de quatre frégates, arriva dans le port de Gênes pour y prendre des provisions.

Si l'arrivée du citoyen Salicetti dans la ville de Gênes donna quelques inquiétudes à la coalition, de son côté la coalition ne négligea rien pour contrarier ses opérations. Le ministre d'Angleterre qui était à Milan arriva à Gênes pour seconder les efforts du ministre autrichien. Ils déclarèrent, l'un et l'autre, aux Gênois, que tout secours qu'ils pourraient donner aux Français, toute cession qu'ils pourraient leur faire, seraient regardés comme des actes d'hostilité. Une impossibilité réelle, plutôt que la crainte que ces menaces purent lui inspirer, empêcha le Gouvernement gênois de déférer à quelques demandes du Gouvernement français. Plusieurs particuliers gênois furent disposés à faire ce que leur Gouvernement ne fit pas, et la France trouva dans leur bonne volonté des ressources assez considérables en fourages pour la nourriture de vingt mille chevaux pendant trois mois.

Quelques troupes de l'armée française

dont le nombre se portait à quinze mille hommes s'étant approchées, le 15 germinal, an 4, de la ville de Gênes, les partisans de la coalition affectèrent les plus grandes craintes, et afin de les faire partager au peuple, ils provoquèrent des mesures extraordinaires. Le Gouvernement gênois résolut de faire venir deux mille hommes de milice de la rivière de Gênes pour augmenter la garnison. Il publia un décret pour faire sortir de la ville tous les étrangers qui n'auraient pas été particulièrement autorisés à y résider. Tous les matelots furent obligés de coucher à bord. Il fut défendu d'entrer dans la ville avec aucune espèce de cocarde. Il fut proposé d'établir une junte de cinq membres qui auraient eu la haute police, avec le pouvoir de faire arrêter et exiler sans forme de procès, et sans en rendre compte.

Cette proposition faite par le sénateur Bernard Pallevicini fut adoptée à l'unanimité par les colléges du Gouvernement; mais elle fut rejetée par le petit conseil dont les membres craignirent d'être eux-mêmes

mêmes les premières victimes d'un tribunal dont le pouvoir eût été si arbitraire. On crut trouver moins d'inconvéniens, moins de motifs de frayeur dans le renouvellement d'une loi qui donnait aux inquisiteurs d'état le droit d'emprisonner, d'exiler, *ex informatâ conscientiâ*, les gens sans aveu et les perturbateurs de la paix publique.

Ce ne fut pas à ces mesures intérieures que les partisans de la coalition se bornèrent, pour augmenter les alarmes. Le général Beaulieu fit dire au Gouvernement de mettre la ville en état de défense contre les Français et que bientôt il marcherait à son secours. En effet, on apprit que les Autrichiens étaient à la Bochetto. Le peuple redoutait bien moins les troupes françaises que les troupes impériales; la tradition avait conservé jusque dans la dernière classe le souvenir des maux que les Génois avaient éprouvé en 1747. Ce qu'il y eut de remarquable, c'est que, lors que les Français s'approchèrent de Gênes, les nobles firent démeubler leurs châteaux, et lorsqu'on sut les Autrichiens à la Bochetto, les pauvres mirent en lieu de sûreté leurs effets et leurs denrées.

Le nouveau ministre de France près la république de Gênes, le citoyen Feypoult, arriva avec toute sa suite et se présenta à l'audience du Doge, en habit très-simple, accompagné des négocians et des officiers qui se trouvèrent dans cette ville, et il prononça le discours suivant : .... Sérénissime doge, le directoire exécutif de la république française m'a choisi pour résider auprès de la république de Gênes, en qualité de ministre plénipotentiaire.

Je viens de sa part assurer le sérénissime Gouvernement du vif intérêt que la république française prend à la prospérité et à la sûreté de la nation génoise. Ce sentiment est une conséquence de l'estime naturelle et réciproque de deux peuples qui se sont signalés par leur courage et leur énergie, lorsqu'ils ont eu à défendre ou à recouvrer leur liberté.

D'autres motifs aussi importans doivent contribuer à affermir pour toujours la bonne harmonie qui règne entre Gênes et la France ; c'est le voisinage de deux pays, l'industrieuse activité de leurs habitans, l'antiquité de leurs liens commerciaux et politiques, et finalement la situation du territoire de Gênes limitrophes de deux puissances qui depuis si long-tems méditent de le diviser, et celle de la France qui n'a aucun avantage à s'aggrandir à ses dépens.

La nation génoise et son Gouvernement peuvent donc être assurés des constans et continuels bons offices de la nation française; et en revanche le Gouvernement français a droit de s'attendre à une réciprocité loyale et sincère de la part du Gouvernement de Gênes et d'être persuadé qu'il ne protégera jamais ces français perfides qui sont aujourd'hui l'objet du mépris de tout l'Univers, de ces émigrés qui ont ignominieusement pris la fuite de leur patrie pour conspirer contre elle.

Le directoire qui connaît toute l'étendue des devoirs qui lui sont imposés par la confiance d'une grande nation, d'une nation libre, généreuse et magnanime; le directoire qui a détruit le reste des ennemis qui troublaient encore la tranquillité de la

France, et dont les mesures énergiques garantissent déja à toute l'Europe l'inaltérable affermissement de sa constitution, doit et veut être fidèle et sincère dans les rapports avec les nations étrangères ; il veut que la justice et la vérité soient la base de la diplomatie ; il croit enfin qu'il est digne de la grandeur et de la générosité nationale de ne pas borner ses soins aux intérêts de la France, mais de les étendre au bonheur des nations qui se montreront amies sincères des Français. Elles pourront donc à l'avenir considérer sa justice et sa puissance, comme un égide tutélaire de leur conservation.

J'ai l'honneur de remettre au sérénissime doge une lettre de créance, et de l'assurer que, dans l'exercice de mes fonctions, je serai toujours animé du desir sincère d'être personnellement agréable au sérénissime Gouvernement de Gênes, et d'obtenir la confiance et l'estime de la nation génoise.

Ce ministre plénipotentiaire fut reçu avec tous les égards qu'un Gouvernement doit à l'ambassadeur d'une nation puissante et voisine de qui il attend une protection efficace. Ce ministre ne fut pas long-tems sans avoir lieu de présenter de justes sujets de plaintes au Gouvernement. Le territoire de la république de Gênes fut de nouveau violé par les Anglais qui s'emparèrent, sous le canon du fort de l'Areta, près Taggia, de six bâtimens français chargés de munitions. Le fort tira pour les protéger; mais, les Anglais ayant menacé d'incendier le village, s'il continuait à tirer, le fort cessa son feu, et les bâtimens français furent saisis. Le ministre Faypoult présenta une note au Gouvernement pour se plaindre de cette violation favorisée par la faiblesse du commandant du fort.

Cette note n'ayant pas produit l'effet qu'on en attendait, il fut présenté, par le citoyen Faypoult, au Gouvernement un second mémoire relativement à ces six bâtimens enlevés par les Anglais, dans lequel il demanda que le Gouvernement dédommageât la république française de cette perte. Les colléges s'assemblèrent extraordinairement pour délibérer sur cette affaire. Les Génois dirent pour leur justification que le fort de l'Arma n'étant guère qu'une tour, après avoir tiré cinq coups, se trouva sans poudre et sans boulets. Les Français prétendirent que les cinq coups avaient été tirés en l'air et non pour écarter les Anglais; que le fort n'avait plus tiré dès que les Anglais eurent parlementé avec le commandant, que les Français voulurent [illegible] dans le fort pour aider sa [illegible], et que le commandant [illegible] pour les empêcher d'entrer.

Il y [illegible]traordinaire des colléges le 29 prairial, [illegible]; le général français, Murat, présenta au doge une note officielle qu'il ne voulut pas remettre, comme de coutume, entre les mains du secrétaire d'état, pour éviter les négligences qui avaient lieu quelquefois en pareil cas. Le général se rendit au palais avec le ministre Faypoult. Tous les deux furent introduits dans le palais de résidence, à portes fermées. Le général français exposa de vive voix à cette assemblée, avec beaucoup de fermeté, qu'il était de sa justice et de sa sagesse de faire droit à ses réclamations qui se bornaient à ce qui suit :

1°. Le rappel du gouverneur de Novi, pour la négligence coupable qu'il a mise à poursuivre et réprimer les vols et assassinats qui avaient été commis aux limites de sa jurisdiction sur les militaires français victimes des brigands de Pozzolo et de ces environs.

2°. L'envoi des troupes génoises en nombre suffisant pour maintenir la sûreté des chemins et empêcher les meurtres aux endroits limitrophes de l'Etat de Gênes avec le Piémont.

3°. L'expulsion dans deux fois vingt-quatre heures du comte Girola, ministre impériale, comme ayant violé le droit des gens, en fournissant aux révoltés d'Arguata et autres fiefs, des munitions de guerre et des armes ramassées à Gênes et en protégeant ouvertement les chefs des assassins, dont quelques-uns ont été trouvés munis de patentes ou lettres de marques délivrées par ses agens au nom de la Cour de Vienne.

Le Gouvernement génois fit déclarer

par son secrétaire d'état à M. Girola, ministre de l'empereur, que des circonstances impérieuses l'obligeaient à l'engager à s'absenter de Gênes M. Girola, voyant qu'on ne lui marquait pas une époque précise pour son départ, r pondit qu'il attendrait les ordres de sa Cour. Le décret du petit-conseil se trouva ainsi éludé, ou du moins l'effet en fut suspendu indéterminément par la manière dont il fut exécuté. De nouvelles instances du ministre français ne laissa pas jouir long-tems du succès de cette ruse diplomatique.

Le même ministre, par ordre exprès du directoire exécutif, demanda le renvoi des émigrés. Le Gouvernement génois accéda à cette demande, en exceptant ceux des émigrés qui résidaient à Gênes depuis deux ans.

Une telle exception étant contraire aux intentions du directoire, le ministre français en requit la suppression, et demanda que tous les émigrés indistinctement fussent obligés de sortir de Gênes. M. Vincent Spinola fut chargé de se rendre à Paris en qualité de ministre plénipotentiaire et envoyé extraordinaire de la république de Gênes. Il n'accepta cette place que parce qu'on lui donna les pouvoirs les plus étendus.

Les partisans de la maison d'Autriche ne cessaient de répandre parmi le peuple génois les bruits les plus absurdes et les plus alarmans sur les dispositions des Français à l'égard de cette république. Pour les persuader de la réalité et de l'imminence du danger, ils affectaient eux-mêmes les plus grandes terreurs. Ils faisaient ordonner des processions, des prières publiques, afin que Dieu écartât les fléaux qui menaçaient la patrie. L'objet politique de ces cérémonies religieuses n'échappa pas au ministre de la république française qui le dénonça au Gouvernement par la note suivante, en date du 22 messidor, an 4.

Depuis plusieurs jours il s'est manifesté parmi les habitans de Gênes et des environs des mouvemens dont le principe n'a pu échapper au soussigné, parce qu'il est injurieux à la république française. On insinue faussement au peuple génois que les Français veulent lui enlever ses biens, ses armes, ses églises. Sous les yeux du sérénissime Gouvernement, les prêtres s'écartent de l'esprit de paix qui devrait être le caractère particulier de leurs discours et de leurs actions; ils échauffent l'imagination du peuple par des cérémonies religieuses motivées sur les dangers que court la nation génoise. Les femmes se rassemblent en grand nombre et vont en troupes aux églises demander au ciel de les protéger contre les brigands qui doivent venir des montagnes. Ces mouvemens sont tellement dirigés contre les Français qu'une troupe de femmes assaillirent sur le pont de Lavignano deux français qui prenaient paisiblement une esquisse de la vue de ce pont.

Le soussigné ne peut croire que le Gouvernement provoque, par aucune mesure particulière, cette agitation qui n'a aucun fondement, puisque la république française est amie des peuples qui sont en paix avec elle; puisqu'elle respecte leur liberté, leur commerce et leurs propriétés. Ces vérités doivent être démontrées au Sénat de Gênes; et ce ne peut être que par une insigne perfidie que les secrets instigateurs de l'effervescence actuelle parlent au peuple des justes catastrophes d'Arquata et des lieux divers que l'insurrection de la Lombardie avait transformés en repaires d'assassins et de brigands.

Comme il est important d'arrêter dans son principe le mal dont les conséquences pourraient devenir funestes, le soussigné demande au Gouvernement de prendre les mesures qui sont en son pouvoir pour désabuser le peuple sur les impressions qu'on affecte de lui donner. Les hommes qui l'égarent sont connus, le Gouvernement génois ne peut souffrir plus long-tems leurs trames et leurs déclamations insolentes contre les Français, sans offenser la république française, et sans devenir responsable des malheurs qui pourraient suivre de l'irritation réciproque des esprits. Il doit, en instruisant le peuple des demandes que le général et le soussigné ont réellement faites au Sénat, et des vrais motifs qui les appuyaient, ôter aux imposteurs la faculté de l'abuser par toutes les exagérations qu'ils ne cessent d'imaginer et de répandre.

Le soussigné prie le sérénissime Gouvernement de vouloir bien lui faire part des mesures effectives qu'il déterminera dans sa sagesse pour prévenir les suites de la fermentation actuelle, pour qu'il puisse informer de ses véritables dispositions le directoire exécutif et le général de l'armée d'Italie.

Le lendemain de la date de cette note, il y eut encore des processions composées sur-tout de domestiques. Dans la soirée le député du mois chargé de la police manda plusieurs curés pour les interroger au sujet de ces processions. Ces curés répondirent qu'elles se faisaient sous leur direction, et que de tous tems les bons catholiques avaient eu la liberté d'aller en corps visiter les sanctuaires.

Il était de fait cependant que des prêtres conduisaient ces rassemblemens et que des curés furent chargés de distribuer des aumônes aux assistans des premières processions, toutes composées des plus pauvres du peuple.

Le ministre français incertain si le Gouvernement génois se contenterait de cette explication, attendit les mesures qu'il prendrait pour déjouer les manœuvres des agitateurs du peuple. Il demanda, le 24 messidor, an 4, une réponse aux deux notes précédentes relatives à la proclamation qu'il avait sollicitée au sujet des bruits absurdes répandus pour indisposer le peuple contre les Français; au renvoi du comte de Girola, ambassadeur de l'empereur auprès de la république de Gênes; à la restitution des bâtimens pris par les Anglais sous le canon du fort de l'Aréta, et aux mesures à prendre pour la sûreté des chemins. Il déclara en outre que Gênes toute entière répondrait de la sûreté des Français, si le Gouvernement ne prenait des mesures efficaces pour la garantir.

Le Gouvernement fit la proclamation demandée, par laquelle il déclara qu'il n'avait jamais eu aucun motif de douter de la droiture de la république française et de son Gouvernement, et que la conduite de son ministre avait toujours été conforme à ces principes. Il reconnut que les fusils introduits clandestinement le matin, appartenaient à des particuliers génois qui en faisaient le commerce. Il invita tous les sujets de la république à bannir toute défiance et toute inquiétude, et déclara que les fauteurs des troubles seraient traités selon la rigueur des loix.

Les fauteurs étaient connus, et on avait droit de s'étonner de l'impunité dont ils jouissaient. Toute la ville de Gênes avait été témoin qu'ils couraient les places, les rues et les quais du port, pour animer le peuple contre les Français, en lui disant qu'ils introduisaient des armes pour l'égorger; mais que heureusement la sainte vierge du Mont-Carmel, dont on célébrait la fête, avait fait un miracle en faveur de la ville et l'avait sauvée. L'abbé Agnelli et d'autres émissaires connus s'étaient distingués parmi les prédicans.

Il est enfin arrivé l'instant où le voile qui a couvert l'imposture pendant tant de siècles, se déchire de vétusté et tombe en lambeaux. Dans tous les tems et dans toutes les religions, la plupart des prêtres ont abusé de leur ministère pour en imposer aux peuples. Profitant de la prééminence que l'ignorance des hommes leur a laissé s'arroger, ils s'en sont servis pour surprendre leur foi et faire des dupes. Dans l'antiquité la plus reculée, chez les anciens Assiriens, les prêtres mettaient les peuples à contribution pour avoir de quoi couvrir des tables, dressées devant des idoles, des mets les plus recherchés, qui, enlevés secrettement pendant la nuit, étaient à la charge des peuples et tournaient au profit de ces prêtres. Chez les anciens Egyptiens où l'autel était d'accord avec le trône pour courber les peuples sous un joug de fer, les prêtres renfermaient, sous des hiéroglifes et des signes, les secrets de leurs sciences, qui consistaient dans une étude plus approfondie des merveilles de la nature, seuls miracles qui aient existé et qui se renouvellent tous les jours, entretenaient et nourrissaient l'ignorance des Egyptiens par des fêtes et des cérémonies les plus ridicules. C'est à cette ignorance qu'on doit ces tombeaux élevés qui ont bravé l'injure des tems, et qui sont les preuves de l'orgueil et de la tyrannie des rois et de l'esclavage des peuples.

On a vu à Lacédémone les prêtres faire entendre aux Spartes qu'ils rendaient les dieux propices en mettant en pièces sur l'autel de leurs divinités des enfans à la mammelle ; on a vu dans cette république, les mères étouffer les cris de la nature, faire taire leur tendresse et en imposer à leur cœur, pour accourir présenter à l'autel l'enfant qui devait être déchiré par morceaux, afin d'avoir le féroce honneur d'avoir fourni la victime. A Carthage, il fallut un édit et la crainte des Perses pour empêcher les sacrifices humains. Les Druïdes, ces prêtres des Gaulois nos aïeux, immolaient aux dieux les hommes dont ils voulaient se défaire.

Les papes firent soulever l'Europe pour ensanglanter l'Orient et faire anéantir dans une guerre de fanatisme, la population et la génération de deux Continens, à la voix de Pierre l'Hermite cet insensé qui eût mérité d'être renfermé. Leurs successeurs firent disparaître par le fer et le feu

des

des millions d'êtres dans l'Amérique. L'inquisition, ce tribunal sacerdotal d'horreur et de sang où la sombre et farouche férocité des prêtres-moines dévorait l'innocence, a consumé des milliers de victimes. Chez ces nations de la nature que l'on appelle sauvages, ce sont encore les prêtres qui troublent le bonheur de ces hommes qui, n'ayant ni ambition, ni luxe, ni ces autres passions qui se trouvent chez les peuples qui passent pour policés, se contentent d'une vie frugale et de la paix au sein de leurs familles. On a vu les prêtres au nom d'une religion désintéressée usurper les riches patrimoines d'un grand nombre de familles, pour se livrer à leurs goûts et à leurs penchants, sous le voile de la dévotion. On a vu des prêtres, en tout tems, selon les circonstances et leurs intérêts, bénir le crime, sanctifier le désordre et le pillage, prêcher le meurtre au nom d'un dieu de paix, et béatifier l'assassin, comme un être agréable à la divinité. Ces excès d'une religieuse férocité et d'une hypocrite fureur n'ont été que trop communs parmi les prêtres, pour le malheur des hommes.

On ne manqua pas de profiter à Gênes de la levée du siége de Mantoue, et des avantages remportés par les Autrichiens, pour expliquer les nouveaux miracles opérés par la Sainte-Vierge. « C'était ces évènemens qu'ils annonçaient ; le terme des succès des armes républicaines était enfin arrivé, disait-on ; elles allaient être expulsées de l'Italie. Dieu qui, en permettant qu'ils y entrassent, ne s'en était servi que comme d'un moyen pour rappeler les enfans de l'église à la pénitence et aux autres vertus chrétiennes, les avait proscrites. » Ces discours dans l'esprit d'une populace fanatique pouvaient légitimer les plus cruels excès envers les Français, et ils avaient commencé à produire ce terrible effet, lorsque la nouvelle subite des nouveaux succès des Français suspendit le cours des miracles, et en imposa à ceux qui les publiaient.

Le 30 messidor, an 4, arriva de Vienne à Gênes le courier qui avait été expédié pour faire part au ministre de l'empereur que le Gouvernement génois ne pouvait plus garder son ministre, comte de Girola, et l'avait engagé à s'éloigner de Gênes. L'empereur fit répondre qu'il approuvait entièrement la conduite de son ministre, et que si la république insistait sur son rappel, il regarderait cette démarche comme une rupture.

Il parut que le Gouvernement génois par faiblesse et pour ménager la cour de Vienne, n'avait fait valoir que les circonstances où il se trouvait, et que l'empereur n'y eût aucun égard. Ce Gouvernement se vit obligé de pourvoir de la manière la plus solemnelle que le ministre Girola avait violé le droit des gens, et qu'indépendamment de la demande du Gouvernement français, il était en droit de demander son rappel.

Le Gouvernement génois se doutant que les mécontentemens que les français avaient éprouvés dans la ville de Gênes, dont le ministre français avait plusieurs fois fait des plaintes pourraient avoir des suites, et pour prévenir tout sujet de rupture avec la France, nomma M. Vincent Spinola, envoyé extraordinaire près la république française. Cet ambassadeur prononça le discours suivant à l'audience du directoire exécutif où il fut reçu, le 20 messidor, an 4 : Honoré de la confiance de ma république, j'ai été chargé pendant quatre années consécutives aux frontières des deux Etats, d'un soin bien doux à mon cœur, celui de contribuer à entretenir la bonne intelligence qui a régné jusqu'ici entre les deux nations, et j'ai eu le bonheur d'y réussir.

C'est durant cet intervalle que j'ai vu le spectacle étonnant de la république française luttant contre presque toute l'Europe coalisée, passer des revers les plus cruels aux triomphes les plus éclatans, et finir par vaincre tous ses ennemis. Mes vœux secrets avaient devancé ses hautes destinées : j'ai été d'autant plus satisfait de les voir remplis que mes sentimens se trouvaient d'accord avec les sages déterminations que le ferme Gouvernement de Gênes avait adoptées, en proclamant une neutralité avantageuse aux deux républiques.

Je dois ajouter, pour l'honneur de ma patrie, que, malgré les dangers dont elle était ménacée de toutes parts, elle a donné une grande preuve de courage, et en même tems un exemple de l'attachement que l'on doit à ses amis. Ces évènemens n'échapperont pas à l'histoire. Le Gouvernement français y a applaudi, et j'ai été plus d'une fois l'organe par lequel il a bien voulu exprimer à mon Gouvernement son entière satisfaction.

Des évènemens qui sont une suite inévitable de la guerre, n'ont point altéré la bonne harmonie entre les deux Etats. Elle est invariable comme les principes de justice et d'intérêts réciproques sur lesquels elle est basée. Elle sera durable comme les sentimens de l'estime et de la constante amitié dont la république de gênes est pénétrée pour la républiqne française et dont un ministre qui jouit à juste titre de la confiance des deux républiques, a été l'organe auprès de vous.

Le Gouvernement de Gênes, toujours plus empressé de témoigner à la république française le plus ardent desir d'entretenir et de consolider davantage la bonne harmonie entre les deux peuples, a voulu vous en réitérer l'assurance solemnelle par une mission extraordinaire. Mes concitoyens ont jeté les yeux sur moi; ils ont cru que celui à qui les représentans et les généraux de la république française avaient si souvent témoigné de la confiance, auraient, citoyens directeurs, quelque titre à la vôtre. Continuer de la mériter, sera le but de mes efforts, heureux si je parviens à réaliser la douce espérance d'être aussi agréable au directoire que utile à mon pays.

Veuillez donc bien agréer, citoyen président, le nouveau gage d'une ancienne amitié que j'ai l'honneur de vous présenter de la part de ma république, au nom de laquelle je viens résider auprès de vous en qualité d'envoyé extraordinaire et ministre plénipotentiaire.

Le président du directoire exécutif fit

la réponse suivante à l'envoyé extraordinaire de la république de Gênes.

Le directoire exécutif conduit par l'esprit qui anime le peuple Français, aime à trouver des amis dans tous ses voisins; mais il ne redoute l'inimitié d'aucun d'eux. Si les sentimens que vous témoignez à notre république de la part de la république de Gênes sont sincères, comme nous n'en doutons pas, elle peut compter sur la constante amitié du Gouvernement français.

Fort de la puissance de la nation, dirigé par sa volonté, il sera fidèle à ses amis et toujours prompt à les secourir; mais, en même tems, il saura forcer au silence la malveillance d'un ennemi impuissant et briser les efforts des ennemis les plus redoutables et les plus habilement coalisés; il saura les obliger tous à respecter la république française, et à lui rendre égards pour égards.

Non, la France et ceux qu'elle s'est choisis pour la gouverner ne craignent pas la guerre, vous pouvez le dire à votre

Gouvernement et à l'Europe entière ; l'amour de la liberté assure à nos soldats républicains d'assez glorieux triomphes.

Mais vous pouvez, vous devez leur dire aussi que nous chérissons la paix, et que, si nos vœux les plus ardents étaient exaucés, déjà cette paix consolante ferait oublier à l'Europe les malheurs d'une guerre dont tout l'odieux doit retomber désormais sur des ennemis qu'un inconcevable vertige, ou la plus grande fureur, doivent entraîner dans l'abîme qu'ils croyoient avoir creusé pour nous.

Le directoire exécutif voit avec satisfaction que le Gouvernement génois ait choisi pour le représenter auprès de la république française, un citoyen qui s'est acquis la réputation d'ami de l'humanité, de la liberté et des républicains français.

On devait faire à Gênes la cérémonie qui avait lieu tous les vingt-cinq ans, qui consistait à présenter les clefs de la ville à la Sainte-Vierge, et la reconnaître pour souveraine de la république, cette singulière cérémonie avait commencé en 1607. Le grand et le petit conseils décrétèrent que, pour témoigner leur vénération à Notre-Dame, ils la reconnaîtraient pour dame, reine et maîtresse de la république de Gênes; que les collèges de Gouvernement iraient en procession à l'église métropolitaine de Saint-Laurent, accompagnés de toute la noblesse, et le doge au milieu de la grand'messe présenterait au célébrant, dans un bassin, la couronne, le sceptre, et les clefs de la ville, afin qu'ils les déposât aux pieds de l'image de Notre-Dame. Il fut décrèté aussi que la même fonction aurait lieu tous les ans le 25 mars. Ce décret fut en vigueur jusqu'en 1696, et il fut alors décrèté que cette cérémonie n'aurait lieu que tous les vingt-cinq ans avec toute la solemnité possible.

Elle eut lieu en 1721, 1746 et 1771, et elle avait lieu le 15 août 1796. Elle devait être précédée d'une cérémonie à laquelle les collèges devaient assister, pendant les trois derniers jours. Il devait y avoir jubilé et illumination générale.

Trois vaisseaux anglais, en sortant du port de Gênes, enlevèrent, le 20 fructidor an 4, sur la rive voisine de Saint-Pierre-d'Arena, une bombarde française chargée de deux pièces de canon et de munitions de guerre appartenant à l'armée d'Italie. Cette violation, commise sous les batteries de la ville, excita dans les Français une vive indignation. Ils se précipitèrent sur un canot envoyé dans le port par le vaisseau de ligne anglais, en présence de la garde génoise du poste, qui aurait pu maintenir l'ordre sans voie de fait; mais elle tira trois coups de feu sur un enseigne français, qui fut tué.

Les colléges, et ensuite le petit-conseil, instruits des ces évènemens par le ministre de la république française, arrêtèrent, à une très grande majorité de voix, que tous les ports de la république de Gênes seraient fermés aux anglais, et que leurs vaisseaux marchands seraient séquestrés. Le Gouvernement génois n'hésita pas à rendre, dans cette circonstance, la satisfaction qu'elle devait à la France, qui était sur le point de fermer tous les ports de l'Italie au ministère britannique.

CHAPITRE VII.

Traité du roi de Sardaigne avec l'empereur. Le Milanais mis en état de défense. Envoi d'une armée autrichienne en Italie. Relation donnée par la Cour de Sardaigne, de la position de ses armées. Edit de cette Cour. Le général Dewins quitte le commandement de l'armée autrichienne. Coni mis en état de défense. Déroute des Piémontais chassés de Pietra. Trois petits camps abandonnés par les Piémontais. Prise de Roccavipu. Les ennemis poursuivis à Cairo, où ils s'étaient retirés. Soulèvement dans l'isle de Sardaigne. Moyens employés par la Cour pour les calmer. Desseins des Anglais sur cette isle. Arrivée de l'archiduc de Milan à Acqui. Emigration des habitans du Mont-Ferrat. Total des forces autrichiennes et piémontaises. Retranchemens à Dego. Situation critique du roi de Sardaigne. Habitans armés en masse. Les Français attaqués sur plusieurs points, pour connaître leurs positions. Fortification de plusieurs places. Dispositions pour les quartiers d'hiver des Autrichiens et des Piémontais. Enlèvement de fourrage dans le Piémont par les Français. L'armée d'Italie renforcée. Le général Scherer y est attendu. Réorganisation de l'armée. Fortification de Mantoue. Emprunt ouvert à Milan. Cause du nouveau mécontentement des habitans de l'isle de Sardaigne. Abattement de la Cour de Turin. Vente des biens ecclésiastiques dans cette ville. Conseil de guerre pour l'ouverture de la campagne, tenu à Turin. Visite de toutes les positions, par le général Scherer. Efforts du prince de Piémont pour engager son père à faire la paix. Monopole des grains, fait par l'archiduc Ferdinand. Edit de la Cour de Turin pour un emprunt à six pour cent. Théâtres et assemblées publiques fermés à Turin. Augmentation d'impôts. Arrivée du général Dewins à Crémone. Discipline parmi les Français. Prise du col del Monte-Poste. Les Piémontais repoussés sur le Mont-Bernard. Inquiétudes de la Cour de Vienne pour ses provinces d'Italie. Renforts pour l'armée piémontaise. Disposition des Français pour pousser la campagne avec vigueur. Surprise du poste avancé de la Thuile, etc. Edit sur les matières d'or et d'argent, à Milan. Victoire de Vado. Attaque générale de l'aîle droite de l'armée française, et les suites de cette attaque. Ce qui se passe devant la forteresse de Savonne. Victoire des Français au col de Terme, près Ormea. Proclamation du général Kellermann à l'armée française. Sa lettre au général Dewins; réponse de ce général. Les ennemis repoussés au-delà de Loano. Enlèvement de Champ di Pietri par les Français. Visite des positions de l'armée des Alpes par le général Kellermann. L'ennemi chassé des hauteurs de Sture, etc. Victoire des Français à Saint-Bernouil. L'ennemi repoussé à Tuirans. Corres-

pondance des Barbets avec l'ennemi. Quelle sorte d'hommes étaient les Barbets. Commission militaire pour les juger.

LE roi de Sardaigne, craignant pour son trône, que chaque victoire remportée par les Français rendait de plus en plus chancelant, fit un traité avec l'empereur, par lequel il mit sous la protection de la maison d'Autriche les villes de Tortone, Puzzol, Alexandrie et Saravalle. Les Autrichiens, en vertu de ce traité, prirent possession de ces villes.

Quoiqu'on eût donné l'ordre de mettre en état de défenfe la province du Milanais, dans la crainte d'une irruption de la part des Français, la Lombardie était dénuée de troupes; les seules milices la gardaient. On attendait un corps d'armée à Mantoue. L'archiduc de Milan devait passer à Alexandrie en qualité de gouverneur-général; mais il partit pour Turin avec huit cents hussards, pour y aller enlever la famille royale, que le peuple surveillait, depuis que le projet de la levée en masse avait échoué.

L'empereur ayant fait passer dans l'Italie une armée qui s'était rendue à Tortone et à Alexandrie, ce corps de troupes ne se trouvait qu'à quinze lieues de Gênes, et le territoire génois était à chaque instant menacé d'être envahi par ces troupes. La conduite digne d'éloges de l'armée française, à son passage sur le même territoire, avait excité l'admiration des Génois, et ils n'espéraient pas la même modération de la part des Autrichiens. Le Gouvernement génois crut qu'il était de sa prudence d'augmenter considérablement les garnisons. Cependant les plus grandes inquiétudes parurent diminuer à cet égard, depuis que l'escadre française était en observation dans le golfe Juan.

Les Piémontais, de leur côté, regardaient comme le principal gage de leur sécurité, la présence de l'escadre anglaise dans les mers de Gênes et de Toscane. Ils présumaient cependant qu'aussitôt que la saison, devenue plus rigoureuse, obligerait

l'amiral

l'amiral Hood de rentrer, l'armée française saisirait ce moment pour jeter des troupes en Italie, et qu'alors, les alliés occupés dans la Lombardie, les abandonneraient à leur propre défense.

La Cour, pour calmer ces alarmes, publia une relation de la position de ses armées; la droite s'étendait sur les hauteurs de Valdieu; la gauche était appuyée sur Coni, et le centre était toujours à Saint-Dalmazzo. Le général piémontais avait fait rompre le pont sur le Gesso. Les français menaçaient le fort d'Exiles et de la Cueva; mais la Cour paraissait plus rassurée, depuis la nouvelle qu'elle avait reçue de l'arrivée à Livourne d'un corps de cavalerie napolitaine, que la Cour de Naples envoyait pour être employé au besoin.

La Cour de Sardaigne ordonna, par un édit, que les universités du royaume fourniraient seize mille hommes en état de porter les armes, depuis vingt ans jusqu'à quarante-cinq. Elle invita les barons à faire une levée de soixante bataillons, tandis qu'on s'efforcerait de former vingt escadrons.

Ces troupes devaient être destinées à la défense intérieure.

Un corps de troupes allemandes qui était à Alexandrie et aux environs, se rendit à Mondovi, pour se porter vers Coni, en cas d'attaques. Le général Dewins quitta le commandement des troupes autrichiennes, sous le prétexte de sa mauvaise santé, et il fut remplacé, pour l'instant, par l'archiduc gouverneur du Milanais.

On travaillait avec une grande activité à mettre Coni en état de défense. Le jeune prince de Carignan en fut nommé gouverneur. Tous les émigrés français, savoyards, niçards, eurent ordre de sortir de la ville sous trois jours, et les habitans furent contraints de s'approvisionner pour quatre mois.

Pendant que le Gouvernement sarde prenait ses précautions pour se mettre à couvert de l'invasion des Français, quatre mille Piémontais furent mis en déroute, le 15 messidor an 2, par la garnison de Loano, commandée par le général Dumerbion, et furent chassés de Piétra, sur les côtes de Gênes. Le 28 fructidor, deux divisions de l'armée des Alpes attaquèrent les Piémontais sur tous les points, depuis Mirabouck jusqu'aux Barricades. Après douze heures d'une marche extrêmement pénible et le tems le plus affreux, la droite, aux ordres du général de brigade Vaubois, enleva, la bayonnette en avant, une redoute qui fut vigoureusement défendue, et fit cent vingt prisonniers, dont quatre officiers. La gauche aux ordres du général de brigade Gouvion, s'empara du village Lachenel et fit cent soixante prisonniers, dont quatorze officiers, parmi lesquels se trouva le comte Martin, commandant le corps des partisans.

L'ennemi abandonna trois petits camps bien tendus et bien retranchés, une pièce de sept, une de cinq, une de trois et plusieurs espingardes. Les Français prirent en outre douze cents moutons, cent soixante bêtes à cornes, dont ils avaient besoin alors, et des munitions de guerre de toute espèce.

Les troupes de l'armée d'Italie, après s'être emparées, de vive force, de Roccavion, village du Piémont vers la rive gauche du Gesso, à deux lieues sud-ouest de Coni, attaquèrent, le quatrième et le cinquième jours des sans-culotides, aux environs de Cairo, entre Finale et Acqui, une armée de dix à douze mille Autrichiens, qui avait poussé ses avant-postes sur le territoire de Gênes, et menaçait de s'emparer de Savonne, sur laquelle elle avait dirigé et ouvert une grande route; l'ennemi, chassé des villages de Mallère, de Pallère et de la plaine de Carcaro, fila à l'entrée de la nuit sur Cairo, où était son camp, et sur Dego, village situé sur le grand chemin qui conduit à Alexandrie.

Les Français, arrivés à Cairo par une marche forcée, atteignirent l'ennemi, lorsqu'il était occupé à couvrir ses évacuations et à sauver ses équipages. Quoique le jour fût très-avancé, il fut attaqué sur tous les points, et malgré la résistance opiniâtre qu'il mit à défendre les positions avantageuses qu'il avait prises pour couvrir sa retraite, il n'en fut pas moins chassé à la bayonnette, en moins d'une heure et demie de jour qui restait. L'action fut très-vive; l'ennemi perdit mille hommes tués, blessés ou prisonniers, et l'armée ne put échapper qu'à la faveur de la nuit. Sa déroute fut telle, qu'il laissa une partie de ses blessés et ses magasins, remplis de vivres et de fourrages. Les Français bivaquèrent sur le champ de bataille.

Toutes ces défaites venaient encore ajouter aux inquiétudes qu'avait la Cour de Turin, qui craignait pour les soulèvemens qui régnaient dans l'isle de Sardaigne, qu'elle ne voulait pas perdre par trop d'opiniâtreté. Les mécontens avaient parlé haut, et les rigueurs du roi avaient encore augmenté la fermentation dans l'isle. On fut obligé, pour calmer les esprits, de passer à des traitemens plus doux. Le roi demanda des explications et se rendit à la nécessité. Il fit proclamer au son du tambour, par un magistrat suivi d'un nombreux détachement de la milice du pays, qu'on ne rechercherait pas les auteurs de l'insurrection du 26 avril 1794. Le Gouvernement assura aux Sardes la possession de tous les emplois civils et militaires dans leur isle, à l'exception de la place de vice-roi, et qu'en conséquence, la Cour avait droit de compter sur la fidélité des habitans. Le soir du même jour, on ordonna des illuminations.

Tandis que la Cour de Sardaigne faisait des efforts pour conserver cette isle, les Français se renforçaient dans le Piémont. Le représentant Salicetti et le général Servan eurent une conférence à Finale avec le gouverneur génois. Le petit-conseil de Gênes reçut l'avis officiel que les Anglais avaient levé le blocus du port.

La disette ayant été la cause d'une insurrection à Orestano, dans l'isle de Sardaigne, ces mouvemens n'eurent pas de suite. Il fut envoyé des troupes et de l'artillerie au foyer du trouble, et ceux que les agens de la Cour avaient désignés comme chefs de la révolte, furent pendus. Le nouveau vice-roi de Sardaigne était arrivé dans cette isle, le 8 septembre 1794, sur un vaisseau espagnol. Dans cette circonstance, il s'offrit une anecdote qui jeta un nouveau jour sur la politique des Anglais et sur leur dessein non caché de se rendre les maîtres absolus de la Méditerranée.

Lorsque le vice-roi de Sardaigne arriva à Livourne, il s'adressa aux Anglais pour en obtenir un bâtiment qui put le transporter à Cagliari. Les Anglais le lui refusèrent, et ce ne fut qu'alors qu'il eut recours aux espagnols. On remarqua qu'en même tems des vaisseaux anglais cotoyaient continuellement la Sardaigne, épiant le résultat des troubles dont il paraissait qu'ils voulaient tirer parti.

Ce seul trait, de la part des Anglais, aurait dû être plus que suffisant pour dessiller les yeux des puissances de l'Italie au sujet des intentions du Gouvernement britannique, et leur apprendre enfin quelle était l'espèce d'amitié que l'Angleterre leur avait promise, et par quels moyens elle marchait à la domination universelle, dans leurs propres Etats. Cette trame parut aussi s'exécuter de la part des Anglais, à l'égard de la Sicile.

Battu sans cesse par les Français, et irrité contre les Piémontais, le général autrichien Dewins s'en était retourné à Vienne, et l'archiduc gouverneur de Milan était revenu à la hâte à Alexandrie. Les Français marchaient sur Saluces, ville incapable de résister à une attaque sérieuse.

Une estafette partit pour porter à Milan l'ordre d'expédier sur-le-champ les recrues qui étaient au château, avec un corps de volontaires. On fit à Novi les dispositions nécessaires pour leur passage. On estimait cet effort le dernier. Les provinces paraissaient ne plus présenter aucunes ressources.

Arrivé à Acqui, l'archiduc de Milan y trouva tout dans une confusion épouvantable. Les Français étaient en force à Bistagno et à Dego, loin d'Acqui de trois à quatre milles. Les Autrichiens et les Piémontais avaient un camp volant à Tergo. Ils y étaient toujours dans l'attente de renforts qui n'arrivaient point.

Dans la dernière affaire de Cairo, les Piémontais avaient perdu le régiment du duc Antoine, qui avait été presqu'entièrement détruit. Depuis cet évènement, l'émigration était incalculable dans le Mont-Ferrat. Comme il existait un édit qui défendait de rien laisser sortir de l'Etat, chacun cherchait des expédiens pour en faire sortir ses effets.

Le total des forces autrichiennes et piémontaises destinées à défendre le Mont-Ferrat, se réduisaient à douze mille hommes campés dans les environs d'Acqui, sous les ordres du général allemand Wallis. Le camp retentissait des menaces contre les Français et les Génois ; les circonstances seules, y disait-on, faisaient différer la vengeance de l'empereur.

En attendant ce tems, on tremblait à Alexandrie, de voir arriver, par la Bochetta ou par Ovada, une colonne française. La ville était remplie de Croates qui s'étaient trouvés à l'affaire de Dego. On osait cependant dire que les projets de la Cour de Turin, échoués sur Savonne et sur Finale, allaient se renouveler contre Gévi.

C'était pour les Français une des plus belles actions de toute la campagne, que d'avoir délogé les Autrichiens et les Piémontais de Cairo ; ils s'étaient assurés par-là des chemins que les Autrichiens auraient suivis pour aller s'emparer de Savonne, ville appartenant au Gouvernement génois, tentative dans laquelle ils devaient se faire aider par des forces maritimes.

Les troupes battues à Dego formèrent un camp volant ouvert et sans retranchemens. Elles commencèrent à établir des redoutes dans les environs de cette ville. Il y en eut une aux Capucins, pour protéger le château, qui pouvait être canonné du haut de ce poste. Les douze mille hommes qui se trouvaient dans ces environs, divisés par redoutes et par piquets, devaient être par cela même peu difficiles à détruire en détail.

On disait que ces troupes devaient être renforcées ; mais il était impossible de diminuer les autres postes, qui étaient également en danger. On avait fait venir six cents hommes de milices, qui, n'étant pas au fait des armes, ne devaient pas être d'une grande ressource. De pareilles troupes, dans une action, étaient propres à mettre le désordre et à prendre la fuite, comme cela était déjà arrivé dans l'affaire de Cairo. Ceux que la peur avait éloignés voyant que les Français n'avaient fait aucun mal aux habitans de Cairo et des environs, rentrèrent dans leurs foyers.

On mettait continuellement en mouvement les troupes autrichiennes et piémontaises; mais on avait soin de ne pas les conduire où l'on savait que se trouvaient les Français. Cent cinquante hulans qui revenaient de Pozzolo, et quelques autres troupes, arrivèrent pour renforcer l'armée austro-sarde. On tint un conseil pour décider si l'on formerait un camp volant dans les plaines de Bosco. On se décida à se rapprocher plutôt du fleuve. Les troupes étaient très mécontentes de la fatigue continuelle qu'on leur faisait éprouver, par un tems froid et pluvieux. Le plus léger mouvement de la part des Français, du côté d'Acqui, y eût jeté le désordre. On parlait d'une nouvelle levée; elle aurait été difficile, sur-tout si elle eût été forcée. Les nobles et les feudataires quittaient le pays avec un grand empressement, dans la crainte de devenir les ôtages du peuple.

Quant au roi de Sardaigne, sa situation était des plus critiques. Les Français victorieux étaient à Vado. Le roi publia un édit où il pressa ses sujets de le seconder de tout leur amour et de toutes leurs forces; mais comptant peu sur les dispositions de sa nation, il multipliait les mesures coercitives.

On s'occupa, du côté de Valence, d'organiser la masse des habitans armés, pour la réunir à la masse des habitans de Homellina et de Mont-Ferrat. Grizini, major du régiment de Tortonna, devait commander ces rassemblemens. L'archiduc de Milan, commandant de l'armée, distribua quelques médailles d'or et d'argent aux soldats, par forme d'encouragement.

Les Français avaient formé leur camp à Savonne, Vado et Finale; il était déjà tombé une quantité de neige, et on ne croyait pas que les opérations de la campagne pussent se prolonger.

Le général piémontais exécuta une attaque sur plusieurs points à la fois, dans l'intention de reconnaître qu'elles étaient les forces des Français. Cette opération fit découvrir que dans la vallée de Sture, dans celle de Limon et vers Ormea, les Français gardaient toujours des positions avantageuses. Après cette reconnaissance, les opérations militaires parurent être momentanément suspendus. Le général autrichien, Argenteau, était retranché sur la colline qui domine le fort Ceva, le corps d'armée du général Colli et celui de Colloredo couvraient les flancs.

Le numéraire ayant disparu à Turin, le Gouvernement résolut de faire fabriquer des billets de différentes valeurs. Le général Colli eut, avec le roi à son passage à Turin, une conférence secrette. On plaça un cordon de troupes à Ceva et à Dego. Des ordres furent donnés pour fortifier Mondovi, Cherasio, Asti et quelques autres places. On disposa ensuite le plan des quartiers. Quelques bataillons de croates furent à Acqui, à Silvano, à Dorno, à Pozzolo et à Formigaro. La cavalerie fut à Voghère, trois bataillons furent à Alexandrie, deux à Tortona, trois à Pavie, deux à Lodi, un à Milan et un à Crémone.

Quoique ces quartiers fussent ainsi désignés, les Piémontais et les Autrichiens ne les prirent que lentement, parce qu'on remarqua des mouvemens continuels parmi les troupes françaises, et qu'on crut être instruit qu'il leur était arrivé des renforts de Marseille. Le Gouvernement piémontais fit organiser une espèce de levée forcée dans la province d'Albe.

Quant aux Français, après avoir mis en réquisition toutes les bêtes de somme sur les rives de l'Albinga, jusqu'à Savone, et indiqué leur réunion à Loano, ils se portèrent en grand nombre dans le Piémont, par la Bardinette et la Galestrine. Le but de cette expédition fut un enlèvement de fourages dont ils manquaient. Une grande quantité d'ouvriers fut occupée à tracer une route de Finale à Savone.

L'armée française, d'Italie, se renforçait par des divisions de celle des Alpes. Le général Scherer y était attendu. Beaucoup de commissaires français s'étaient répandus dans les villes de la rivière pour acheter des fourages. Deux mille huit cents français arrivèrent à Port-Maurice et à Saint-Rême.

L'abondance des neiges qui étaient tombées des montagnes gênait le transport des provisions ordinaires des Français à Bardinette, pour cet effet, les troupes descendirent du côté de la mer. Le général Scherer, nommé commandant en chef de l'armée d'Italie, dès son arrivée, exposa aux représentans du peuple qu'il était nécessaire de réorganiser l'armée, et qu'il avait besoin de pleins pouvoirs pour cette opération. Les représentans accédèrent à la demande du général, et l'on se disposa à la réorganisation.

Les Alliés firent fortifier la ville de Mantoue, pour mettre cette ville en état de soutenir un long siége dans le cas où elle serait attaquée, comme on en avait déjà alors des pressentimens. Le pape fit aussi mettre en état de défense la ville et le port de Civita-Vecchia.

On ouvrit à Milan un emprunt de trois millions, et l'intérêt en fut fixé à quatre et demi pour cent. La taille générale, pour 1795, dans le Milanais, fut beaucoup augmentée ; mais le haussement de cette taxe fut une sorte d'emprunt. Ces diverses sommes, suivant la promesse du Gouvernement, devaient être remboursées aux propriétaires, au bout de cinq ans. On avait besoin de toutes ces mesures fiscales pour faire face aux énormes dépenses de la guerre.

Les Piémontais formèrent des cordons de milices dans les lieux les plus exposés. On mit douze mille hommes à Ceva et dans les environs; huit mille hommes furent repartis du côté de Mondovi. Il y eut en outre un corps de croates et des piémontais à Corte Miglia. On assura aussi que le général autrichien, Dewins, devait quitter Vienne, pour reprendre, en Italie, le commandement d'une armée de trente mille hommes.

Dans l'isle de Sardaigne, l'arrivée du nouveau vice-roi y renouvella le mécontentement. Le peuple haïssait d'avance le général Planargia, quoiqu'il fût Sarde d'origine, et le haïssait encore plus par la raison que le comte Graneri, autre objet de haine, avait contribué à la nomination de ce vice-roi. De nombreux placards manifestèrent ces ressentimens.

La cour de Turin était dans une sorte d'abattement. L'approche d'une nouvelle campagne

campagne l'éclairait sur sa situation ; elle en sentait plus qu'elle n'avait encore fait tous les dangers. Un crédit épuisé, un papier monnaie sans hypothèque, des recrues difficiles chez un peuple mécontent, les symptômes d'une disette que le renchérissement de toutes choses amenait à grands pas, tant de réalités déplorables ne souffraient plus qu'on se fît illusion. Les ministres assemblés dans le dernier conseil furent forcés de confesser des vérités tardives, et de faire preuve d'impuissance plutôt que d'incapacité.

Le fils aîné du roi avait prévu tous les malheurs qui arrivaient, et même, au premier voyage des princes français émigrés, d'Artois et Condé, à Turin, il fut tourné en ridicule pour ses opinions sur la coalition. Ce prince se voyait pour lors consulté, et on était si honteux d'avoir ri de la sagesse de sa prévoyance, qu'on l'écoutait comme un oracle. Si, dans le tems, on eût suivi les conseils prudens qu'il avait donnés, la Cour n'eût pas été réduite, comme elle le fut, à deux doigts de sa ruine.

Le mauvais état des finances royales fit mettre en vente, à Turin, les biens ecclésiastiques. Le Gouvernement supprima même plusieurs monastères; il en écrivit à cet effet en cour de Rome. Ces mesures purent produire vingt neuf à trente millions, et une bulle du pape que l'on attendait à ce sujet devait procurer la tranquillité à la conscience du roi. La Cour n'avait pas des ressources nationales pour recruter et composer son armée, ses troupes étaient pour le plus grand nombre autrichiennes. Elle attendait aussi un corps de cavalerie, de la même nation, pour en augmenter la garde de la capitale. On fit, pour la campagne, tous les préparatifs que les circonstances critiques dans lesquelles on se trouvait permirent de faire. On forma des corps de milice destinés à la défense de l'intérieur, et le général Colli fut nommé pour avoir le commandement en chef de l'armée.

La révolution de la France était un tremblement du monde politique. Il n'y avait que la reconnaissance de l'indépendance de la république française qui pût faire cesser ses commotions. Destructeurs de la coalition des puissances de l'Europe, invincibles soldats des armées françaises! votre intrépidité, votre respect pour les loix civiles et militaires, votre enthousiasme pour la liberté, votre confiance à braver les dangers, à supporter les pénibles et glorieux travaux de la guerre, sont au-dessus de tout ce que l'histoire a transmis des Grecs et des Romains.

Qu'on oppose aux exploits des Français, ceux de ces peuples belliqueux! Qu'ont fait les troupes de ces nations guerrières que les soldats français n'aient fait à leur tour? Quels titres ont-ils à la gloire que les armées de la France ne puissent leur disputer? Les Grecs et les Romains eurent la politique de n'avoir affaire qu'à une nation à la fois; ces peuples n'eurent jamais qu'une guerre à soutenir. Le systême de la balance des forces des Etats, développé par Henri IV, était inconnu aux nations; un seul peuple non-seulement résiste à toutes les puissances de l'Europe liguées contre lui, mais encore il les combat et les vainc, et ce peuple est la France. Tout l'univers est frappé de la renommée des exploits des armées françaises, la France en partie paraît y être insensible, de manière qu'on eût dit que l'état naturel des choses devait être que les armées des coalisés fussent vaincues, et les Français vainqueurs. Cependant les nations savent apprécier leur mérite et rendre justice à leur bravoure. La postérité, admirant leur valeur, aura peine à compter leurs triomphes.

Le général français, Scherer, fit la visite de toutes les positions de son armée à Oneille, à Loano, à Vado, et l'ennemi s'attendit à des entreprises hardies.

Il se tint à Turin, en présence de l'archiduc de Milan, plusieurs conseils de guerre pour l'ouverture de la campagne. Les généraux Colli et Torré y assitèrent. La légion austro-sarde était campée près Ceva, et toutes les troupes devaient se tenir prêtes à marcher. Les efforts de l'armée sarde devaient se porter vers Coni, et le duché d'Aost et monts adjacens devaient être abandonnés à la garde des milices. Il y eut un différend assez vif entre les troupes piémontaises et autrichiennes; celles-ci ayant voulu relever la garnison d'Alexandrie que les Piémontais voulaient occuper exclusivement, la question fut décidée en leur faveur.

Le prince de Piémont travaillait toujours à détacher son pays de la coalition, et à déterminer le roi à demander la paix. L'archevêque de Turin le secondait dans ce projet, et on remarquait que le peuple leur témoignait depuis quelque tems de la satisfaction et de l'attachement à cause de leurs intentions pour faire cesser les fléaux de la guerre.

L'archiduc Ferdinand avait renoncé à son ancienne affabilité, et il cherchait à rétablir, dans le Milanais, le Gouvernement militaire. Il faisait ouvertement le monopole des grains, attirait à lui tous les ducats circulans dans le pays, et en faisait des sommes qu'il faisait passer à Vienne.

Les actions de la monarchie ne baissaient pas moins dans le Piémont que dans le Milanais; et quand les émigrés en témoignèrent au peuple leur étonnement, il ne manqua pas de leur répondre : les rois vous renvoient de leurs Etats, vous qui souffrez et vous dévouez à leur défense, ce sont donc des hommes injustes et ingrats.

Les transports de l'armée française étaient dans la plus grande activité. On remplissait les magasins, et tout se disposait pour des opérations prochaines. Un corps de quinze cents français était campé à Praxola. Les républicains étaient en force du côté de Caïro, sans qu'il y eût eu d'actions sérieuses.

Quelques régimens autrichiens étaient aussi en marche, et leur quartier général devait être établi à Bosco. Il partit de Turin un bataillon pour Cherasco. Le roi invitait ses sujets par de fréquentes proclamations à prendre les armes.

Les négocians de Turin, en conséquence de l'édit qui avait créé un emprunt à six pour cent, reçurent du directeur de cet emprunt l'état des sommes qu'ils devaient y fournir. Chaque maison de banque et de commerce eut son contingent assigné, et les sommes réunies s'élevaient à trente millions de livres. Cet emprunt causa bien des mécontens. Il parut aussi une ordonnance royale qui portait que, pendant toute l'année 1795, les assemblées publiques et les théâtres seraient fermés dans les Etats du roi de Sardaigne.

La Cour, pour se mettre en état de pourvoir aux dépenses énormes de la guerre, mit aussi une augmentation sur le prix du tabac, du sel, de la poudre et des lettres. Elle établit aussi une nouvelle capitation générale. Le général autrichien, Dewins, étant arrivé à Crémône, devait prendre le commandement en chef de l'armée autrichienne et piémontaise.

On eut soin, à l'armée d'Italie, pour assurer les succès et qu'ils ne fussent pas obscurcis par aucune tache, de maintenir la discipline la plus exacte. Deux officiers du quatrième bataillon des Basses-Alpes ayant abandonné leurs postes, pendant qu'ils étaient de garde, dans un tems de guerre et dans une ville de guerre, furent punis de quelques jours de prison. Un officier de la dix-neuvième brigade ayant commis quatre délits graves, en s'enyvrant, en violant la consigne donnée à l'hôpital, en troublant la tranquillité publique et en insultant indécemment une femme ; les représentans du peuple, à Nice, instruits de ces faits, écrivirent au général en chef de l'armée, qu'ils pensaient qu'une sévère réprimande serait suffisante pour les deux officiers, en annonçant à l'armée que désormais la destitution serait le châtiment des officiers qui abandonneraient leur poste ; quant au troisième, un délit contre les mœurs enlevant à l'officier le respect qu'il doit attendre du soldat et dont il a besoin, il ne convenait pas de fléchir devant cette sorte de délit ; ils invitèrent le général en chef à pourvoir au remplacement de cet officier, parce que l'homme qui n'était pas capable de se commander à lui-même, était indigne de commander aux autres, et que, sans discipline militaire, on ne pouvoit espérer aucun succès. Cet exemple servit à contenir dans le devoir l'officier et le soldat.

A l'armée des Alpes, le général Moulin donna l'ordre au général de brigade

Willot de s'emparer, dès que la saison le permettrait, du poste du col Delmonte, poste de la plus grande importance et de la plus grande difficulté à enlever, étant situé sur un sommet beaucoup plus élevé que le Mont-Bernard, et sur lequel on ne pouvait monter qu'avec la plus grande peine. Le général Willot, après avoir reconnu le pays et fait toutes les dispositions convenables, s'en rendit maître la nuit du 22 au 23 floréal, an 3.

Ce général, ayant formé trois colonnes, marcha, avec l'adjudant général Almeyras, à la tête de celle du centre qui monta de front sur ce fort qui fut emporté malgré trois rangs de retranchemens au-dessus les uns des autres, et des redoutes garnies de dix-huit bouches à feu. Il y fit deux cents six prisonniers parmi lesquels se trouva le major du régiment de Verceil, et prit tous les magasins.

Le lendemain 24, le général piémontais tenta de reprendre sa revanche sur le Mont-Bernard, en l'attaquant de nuit avec deux mille cinq cents hommes. Les éclaireurs ayant annoncé la marche de l'ennemi, il fut reçu avec vigueur ; et après quatre heures de combat, les Piémontais furent forcés de se retirer et furent poursuivis au pas de charge jusques dans leurs retranchemens. Ils eurent trente hommes tués, et on leur fit vingt-quatre prisonniers.

Les représentans, Dumas et Réal, visitèrent, le premier prairial, an 2, avec le général Kellermann, toute la ligne de l'armée des Alpes et d'Italie, depuis Chambéri, jusqu'à Savonne. Ils virent toutes les garnisons, les postes principaux, les hôpitaux et les magasins. Ils activèrent toutes les parties du service. Ils trouvèrent toutes les munitions de bouche et de guerre assurées, le soldat bien armé et une exacte discipline observée dans tous les camps. L'armée était animée du meilleur esprit, pleine de respect et de confiance en l'assemblée nationale, et d'amour pour le triomphe de la liberté et de la république.

On attendait à Milan des troupes autrichiennes destinées à renforcer l'armée d'Italie. La cour de Vienne montrait une grande inquiétude sur le sort de ses provinces d'Italie. On publia un édit impérial qui déclarait qu'il était indispensable de recourir à de nouveaux subsides, que cependant sa majesté impériale, pour moins charger ses sujets, était déterminée à exiger du fond de la religion et de l'instruction publique la somme d'un million de florins.

Il passait continuellement, par le Milanais, des troupes autrichiennes qui se rendaient à l'armée du Piémont. Le général Dewins devait former un camp de vingt-quatre mille hommes à Acqui. Tout se préparait dans le Piémont pour l'ouverture de la campagne. L'armée ennemie d'Italie se renforçait tous les jours. Toute la cavalerie des alliés qui était restée dans le Milanais s'était mise en mouvement pour s'établir au-delà du Pô.

Les Français faisaient des dispositions pour pousser la campagne avec vigueur. Ayant surpris le poste avancé de la Tuille, les troupes françaises firent prisonnier l'officier Cogo de Mont-Ferrat et M. Peynière, officier de milice. Dans la nuit du

12 au 13 mai 1795, les Français attaquèrent le col del Monte. Les troupes sardes abandonnèrent bientôt le poste, en laissant prisonnier un détachement de deux cents hommes, avec six pièces de canon. Le commandant, le comte Viatard, fut fait prisonnier. Comme la possession de ce poste pouvait faciliter aux Francais les moyens d'attaquer les retranchemens du prince Thomas, et leur ouvrir l'accès de la vallée d'Aoste, le colonel Vercelli crut devoir faire marcher de suite un corps de troupes, pour se porter sur une hauteur voisine, dans le dessein d'empêcher les progrès des Français, il fut en outre expédié de Turin un ordre au premier bataillon de Vercelli de s'occuper à reprendre le poste du col del Monte pour s'emparer ensuite du col de Saint-Bernard. Les troupes autrichiennes et sardes occupaient les positions qui avaient été jugées les plus avantageuses. Le général Dewins avait ordonné de rétablir, à Borgo-san-Dalmzzo, le camp qui y était pendant la dernière campagne, et on forma un autre camp à Acqui.

Le Gouvernement milanais, pour se procurer de l'argent dont il éprouvait fortement le besoin, eut recours aux grands moyens. Il publia un édit qui invitait tous possesseurs de matière d'or et d'argent à les porter à la monnaie.

Le général Kellermann fit partir, le 18 prairial, de Pietra une demi brigade de grenadiers, et se rendit le même jour à Vado. Les armées respectives s'approchaient. Les Français avaient des forces à Ormea : le représentant Beffroy s'y trouvait avec plusieurs généraux. Le général en chef, Kellermann, avait fait la revue des différens postes de l'armée française.

La conduite des Autrichiens, la position de leurs troupes, leur nombre, tout annonçait que l'armée française, de beaucoup inférieure à celle des ennemis, allait être attaquée sur tous les points. On avait déja vu à Vado l'effet de ces dispositions menaçantes ; ce prélude n'avait pas été heureux pour les Autrichiens, la valeur des troupes françaises, soutenues par des dispositions bien entendues, avait suppléé véritablement au nombre.

Le 6 messidor an 3, victoire de Vado, remportée par les Français.

Dix mille autrichiens, formés sur quatre colonnes, attaquèrent, le six messidor, an 3, à midi, pendant sept heures de suite, les avant-postes de Vado et Tersanno. Une forte colonne dirigée sur le pont de Vado attaqua le poste de ce pont qui fut obligé de céder au grand nombre. Cette colonne crut pouvoir s'approcher des retranchemens; mais les canons du fort la chauffèrent tellement qu'elle fut forcée de s'arrêter. Le pont fut sur-le-champ repris à la bayonnette, et l'ennemi contraint d'aller se former au-delà.

Une colonne se dirigea sur la chapelle del Monté occupée par les grenadiers qui se replièrent sur le camp de Tersanno, suivant l'ordre qu'ils en avaient reçus. Les ennemis descendirent la montagne et vinrent se former en bataille au pied de Tersanno, dans le lit du torrent de Cagliano. Ils se trouvèrent à portée d'une batterie de deux obusiers et d'une pièce de douze dont la disposition avait été faite la veille par le chef de brigade Monfort, commandant l'artillerie. Ces pièces chargèrent si à propos que dans un moment les ennemis furent mis en déroute. Les Autrichiens furent fort maltraités dans leur déploiement au milieu du vallon de Cagliano, par les pièces, chargées à cartouches, du camp de Tersanno. Ces dispositions furent faites par le général divisionnaire Freyray, d'après les ordres du général Massena, officier d'un mérite distingué, qui commandait l'aîle droite de l'armée. Le général Laharpe, commandant l'avant-garde, se distingua par son sang-froid, son activité, sa valeur et sa prévoyance.

L'ennemi eut trois cents hommes tués et cinq cents blessés. Le général Laharpe évalua le nombre des morts de l'ennemi à cinq cents hommes, qu'il prétendit constater par le nombre des pantalons dont les grenadiers s'étaient emparés.

Un corps de l'armée autrichienne et piémontaise, fort de trente mille hommes d'infanterie, fit, le 7, une attaque générale sur la première division de l'aîle droite de l'armée française qui occupait un espace d'environ dix lieues de pays. A trois heures du matin, un corps d'environ douze mille hommes, commandé par le général Dewins attaqua les trois postes des hauteurs de Saint-Jacques, centre de cette division, défendus par sept bataillons. Une colonne considérable attaqua l'extrémité de la droite à Vado, pendant que cinq mille hommes d'élite, commandés par le général autrichien d'Argenteau, attaquaient le poste de Mélogne, défendu par deux bataillons.

Le but de l'ennemi était de percer par Saint-Jacques et Mélogne, et couper la division de droite de celle du centre; à trois heures du matin, tous les postes furent attaqués. Celui de Vado, soutenu par l'artillerie de position, tint ferme et repoussa l'ennemi; mais le poste de Saint-Jacques, où les Autrichiens avaient dirigé leurs principales forces, fut forcé après sept heures de combat le plus opiniâtre, et se replia sur une seconde position indiquée dans les dispositions du général.

La ligne étant entamée, on en sentit toute l'importance; le général Massena, qui commandait en chef l'aîle droite, reçut l'ordre l'ordre de se porter à Mélogne, point par lequel la ligne pouvait être coupée, si l'ennemi fût parvenu à s'en emparer. Le général ordonna toutes les positions, dans le cas où il serait forcé à replier l'extrémité de la droite sur Finale.

A deux heures, on apprit que le poste principal de Mélogne, après un combat de cinq heures, avait été forcé de se replier; les derniers retranchemens furent renforcés par un bataillon; mais cette dernière disposition n'était plus tenable, étant dominée par celle qui était au pouvoir de l'ennemi. Le général Massena, qui connaissait l'importance de ce point, sentit qu'il fallait, à quelque prix que ce fût, l'y attaquer, quoiqu'avec des forces très-inférieures. Il disposa trois bataillons qui étaient toutes les troupes qui défendaient cette partie. Un brouillard très-épais s'étant élevé, le général Massena crut qu'il fallait en profiter pour cacher à l'ennemi l'infériorité de ses forces. Il était environ sept heures du soir, les trois bataillons, en colonnes, attaquèrent à la bayonnette; la position fut enlevée aussitôt qu'attaquée. Malgré le feu le plus soutenu, douze cents Francais mirent en fuite un corps de quatre mille Autrichiens, commandés par le général d'Argenteau, dont les troupes se retirèrent dans le plus grand désordre.

On fit trois cents prisonniers, et on prit cinq à six cents fusils que les troupes avaient abandonnés dans leur fuite. Cette affaire décida l'ennemi à abandonner les trois postes de Saint-Jacques qui lui avaient coûté cinq heures de combat et plus de cinq cents tués ou blessés.

Beaucoup d'officiers français furent dangéreusement blessés dans cette journée; et l'adjudant-général La Serre, faisant les fonctions de général de brigade, et commandant les troupes à Mélogne, fut du nombre des blessés.

Les ennemis perdirent environ quatre mille hommes dans les affaires des 3, 4, 6 et 7 messidor an 3. On répandit le bruit qu'ils attendaient des renforts considérables pour se porter sur le centre, ou attaquer de nouveau la droite de l'armée française.

Les victoires du 6 et du 7 messidor, remportées par les Français à Vado, furent précédées des évènemens suivans : Dans la matinée du 3 messidor, les Autrichiens étant descendus des montagnes sur trois colonnes, le général Laharpe envoya un bataillon d'environ cinq cents hommes, commandés par le général de brigade, sous la forteresse de Savonne qui appartenait aux Génois, en demandant au commandant de la place la permission d'y introduire le bataillon, et offrant de contribuer à la défendre contre les Autrichiens qui voulaient s'en rendre maîtres. Le commandant ayant rejeté cette demande, le bataillon se plaça à la portée du mousquet de la forteresse ; mais le feu du canon l'empêcha d'avancer davantage. Dans cet intervalle, le colonel Spinola fut envoyé auprès du général Laharpe, pour lui faire des remontrances, et l'engager à ne pas forcer le commandant de la place à en venir à des extrémités qui pourraient rompre la bonne harmonie qui devait régner entre les deux républiques. Le général répondit que, quelque pût être la violence dont usât le commandant de la forteresse, les Français se laisseraient plutôt hacher en pièce, que de tourner leurs armes contre la forteresse.

Sur le soir, le général Dupuy se porta à la découverte de l'ennemi, à la tête d'une demi-brigade; mais, ayant été obligé de rétrograder, cent cinquante des siens regagnèrent le camp, et cent cinquante autres se retirèrent sous le feu de la place de Savonne. Alors les Autrichiens se mirent à la poursuite de ces derniers; mais ils furent arrêtés par l'artillerie du fort, qui en tua dix-sept.

Cependant le commandant autrichien demanda qu'on lui rendît prisonniers les Français retirés dans les retranchemens du fort; mais, au lieu de se rendre, les Français firent feu sur les ennemis, et en tuèrent huit. Enfin, après d'assez longs pour-parlers, il fut convenu que les deux armées belligérantes ne s'approcheraient pas plus d'un mille et demi de la forteresse de Savonne.

Les Piémontais battus au col de Terme, près Ormea.

Les avant-postes de l'armée française apperçurent, le 17 messidor, au point du jour, l'ennemi sortir de son camp sur plusieurs colonnes, pour s'emparer d'Ormea; les uns se divisèrent sur la montagne, en face de la gauche du col de Terme; les autres sur la gauche de la montagne de l'Inferno, par conséquent à la droite du col de Terme.

Vers cinq à six heures du matin, tous les avant-postes de l'armée française furent attaqués et repoussés; les soldats eurent soin d'abattre tous leurs retranchemens avant de les abandonner. Bientôt après, les ennemis se dirigèrent de manière à ce que tous les points fussent attaqués en même tems. Le chef de bataillon Dallons, qui commandait la gauche, eut à combattre quinze cents hommes au moins, dont dix compagnies de grenadiers; les premiers coups de fusils se tirèrent à demi-portée; il y eut opiniâtreté de part et d'autre; mais, enfin, la valeur des Français l'emporta sur le nombre. Les ennemis furent mis en déroute, et laissèrent sur le champ de bataille environ cinquante morts, et eurent un grand nombre de blessés. Parmi les morts, il y eut deux officiers de marque; le colonel qui commandait l'attaque de la gauche des Français, fut blessé.

Le centre, c'est-à-dire les postes en face de la redoute ennemie, furent de même vigoureusement attaqués. L'ennemi fut repoussé avec le même avantage, et poursuivi presque dans ses retranchemens. Ce fut encore le nombre qui céda à la bravoure.

Les ennemis ayant pu traverser le passage qui allait au col d'Inferno, sur les rochers à droite du col de Terme, y avaient fait filer deux mille hommes, dont douze cents étaient descendus jusques dans le camp que les Français occupaient en arrière du col de Terme, lorsqu'il y avait encore des neiges; ils s'étaient établis en même tems sur le plateau de Cassini, et arrêtaient ou fusillaient ce qui sortait de ce village. Cette position ôtait toute espèce de retraite aux troupes françaises, si elles eussent été repoussées. Le général Pelletier vit froidement le danger, et il ordonna une batterie de deux pièces de canon contre cette colonne ; il la fit protéger par un corps de deux cents hommes qu'il appela son intrépide réserve ; elle fut commandée par le chef Mallin-la-Rivoire. Cette petite troupe, avec une audace qui tint du merveilleux, et soutenue par les deux pièces d'artillerie, parvint à repousser les deux mille hommes, et à les obliger à repasser par la gorge d'Inferno.

Par-tout l'ennemi fut culbuté, par-tout il laissa considérablement de morts sur le champ de bataille ; mais on ne put lui faire que vingt-neuf prisonniers. Sur la route d'Ormea à Terme, l'ennemi prit un capitaine et huit soldats français du troisième bataillon de la quatre-vingt-sixième demi-brigade.

Le général Serrurier commandait dans cette affaire. Le général Pelletier se vit tourné de tous côtés par un ennemi supérieur dans cette journée ; mais rien ne l'inquiéta, il prévit tout, il pensa à tout avec ce sang-froid qui caractérise le vrai général. Les chefs de bataillon Dallons,

Mallin-la-Rivoire, Jeannot commandant le centre, montrèrent une grande intrépidité pendant toute l'action, et tous les soldats combattirent avec une valeur incroyable. Depuis treize jours, les Français étaient aux prises avec un ennemi supérieur en nombre, et cependant ils résistèrent victorieusement à ses nombreuses attaques dans tous les points.

Le quartier-général de l'armée d'Italie ayant été transféré à Albinga, le général Kellermann fit la proclamation suivante à ses braves compagnons d'armes :

La ligne trop étendue que l'armée occupait m'a déterminé à la resserrer, à faire replier l'extrémité de l'aîle droite qui s'étendait au-delà de Vado, et à prendre une nouvelle et plus forte position.

Je suis instruit que les malveillans dénaturent cette circonstance et prononcent le nom de retraite. Non, mes camarades, nous ne ferons point de retraite; la nouvelle position qu'occupe l'armée double nos forces, et nous saurons en profiter pour battre nos ennemis. Apprenez que, dans tous les combats qui ont eu lieu depuis quelques jours, les soldats de la république ont par-tout développé l'intrépidité, le courage vraiment républicain, et que l'ennemi a eu quatre mille tués, blessés ou prisonniers ; tandis que notre perte en morts, blessés ou prisonniers, ne s'élève qu'à huit cents. Apprenez que, du côté du col de Tende, l'ennemi a aussi fait plusieurs attaques, et que par-tout il a été repoussé et battu.

Mes camarades, nous allons de nouveau combattre l'ennemi. De nombreux renforts nous arrivent; et votre général, fort de votre énergie et de votre courage, ne doute pas que la victoire n'accompagne et ne suive par-tout les armes de la république. Vive la république !

Tant que les généraux parleront le langage de la confiance et de l'honneur aux troupes françaises, ils seront assurés de faire de chaque soldat un héros. Il ne faut pour le soldat français que l'aiguillon de la gloire ; la crainte du déshonneur est pour lui un moyen puissant qui lui fait affronter le nombre des ennemis, les dangers et lá mort. Un général brave et l'espoir de la gloire, voilà tout ce qu'il faut au Français pour allumer son courage et pour vaincre. Le roi de Prusse, le vieux Frédéric, connaissait bien le caractère distinctif du Français qui ne fut vaincu que sous le règne de ces rois où les généraux pouvaient vendre et livrer impunément son sang à prix d'argent, mais qui fut toujours vainqueur sous les Catinat, les Saxe, les Turenne.

Lors de l'attaque de Saint-Jacques par les Impériaux, des soldats allemands tuèrent, à coups de sabre, des soldats français, qui, ayant été blessés, ne pouvaient plus se défendre. Instruit de cet acte de barbarie, le général Kellermann écrivit en conséquence de Tuirano, le premier thermidor an 3, au général autrichien: Il m'avait été notifié qu'à l'occasion de l'attaque de Saint Jacques, plusieurs de vos soldats avaient poussé la barbarie au point de faire périr, à coups de sabre, des soldats français blessés et hors d'état de se défendre.

Si le droit de bataille est d'assassiner, les troupes que j'ai l'honneur de commander n'imiteront jamais un pareil exemple ; et les soldats français, aussi généreux que braves, n'oublieront jamais que sur le champ de bataille, lorsque chacun a fait son devoir, l'humanité et la décence même doivent reprendre tous leurs droits.

Je n'ai pas d'abord ajouté foi aux rapports faits sur de telles horreurs ; mais les témoignages sont tellement multipliés, que je ne puis ni rester dans le doute, ni me taire sur une conduite qui aurait les suites les plus cruelles, si l'on voulait user du droit de représailles.

Je vous rends la justice de croire que, si ces faits fussent venus à votre connaissance, vous ne les auriez pas laissés impunis. Quant à moi, je vous déclare que je punirai sévèrement tout militaire qui s'avilira au point de ne pas tendre une main de pitié à l'ennemi tombé sous ses coups ; et déjà vous devriez avoir été informé que c'est la manière dont nous en avons agi avec les blessés et les prisonniers que le sort de la guerre a fait tomber en notre pouvoir.

Le général autrichien Dewins répondit : Général, je viens de recevoir la lettre que vous m'avez écrite, datée de Tuirano, que je suppose du premier du mois de juillet. Les plaintes que vous y faites sont certainement contraires à mes ordres et à la coutume des troupes impériales ; mais vous savez que nous avons des corps formés, et d'autres troupes en partie jugées turques et en partie des confins de la Turquie. Vous savez que ces peuples sont, par leur éducation, beaucoup plus cruels que tous les autres peuples de l'Europe. Cependant, je ferai mon possible pour obvier aux plaintes que vous venez de me faire, si réellement elles sont fondées. Vous pouvez être convaincu de la sincérité de ce que je viens de vous dire, monsieur, par la façon dont on traite vos prisonniers qui, certainement, ne pourront que se louer de la manière dont on en agit à leur égard.

Les troupes de l'avancée de Borghetto passèrent, le 8 thermidor, une reconnaissance qui engagea une affaire très-vive entre les avant-postes, et successivement entre les avant-gardes. Les ennemis furent repoussés jusqu'au-delà de Loano, en laissant au moins cent cinquante tués sur le champ de bataille, et beaucoup de blessés.

Le général de brigade, Ransonnet, qui faisait la reconnaissance et qui commandait les troupes, donna dans cette occasion de nouvelles preuves de bravoure, de sang-froid et de talens.

Le 11 thermidor an 3, enlèvement du Champ-di-Piétri par les Français.

L'ennemi s'étant avancé, le 11 thermidor, sur une hauteur en avant du centre de l'aîle droite appelée champ di Piétri, travaillait à s'y retrancher; le général la Harpe, dont la brigade était en présence de l'ennemi, marcha sur lui avec deux colonnes; l'ennemi ayant commencé son feu de fort loin, les colonnes françaises l'essuyèrent une heure sans riposter, pendant que le général faisait la reconnaissance des ouvrages de l'ennemi.

Cet objet rempli, le général la Harpe voulut se retirer; mais l'ennemi ayant fait filer des renforts, attaqua les Français;

alors les ordres furent de combattre et la fusillade dura trois heures. Quelques renforts étant arrivés au général la Harpe, il fit cesser le feu et ordonna de marcher à l'ennemi au pas de charge, la bayonnette aux reins. Il fut culbuté dans le plus grand désordre; on lui fit des prisonniers, et il eut plusieurs morts et un grand nombre de blessés. A la suite d'une affaire précédente, où l'ennemi fut encore repoussé, les Français s'emparèrent de cent bœufs, quatre cents moutons et d'un troupeau de chèvres. Le général ennemi d'Argentière, qui manqua d'être fait prisonnier, y fut blessé au bras.

Le général en chef, Kellermann, parcourut la position du centre pour voir si ses ordres étaient exécutés. Les positions étaient inexpugnables de la manière dont elles étaient retranchées. Il partit de suite pour se porter à la gauche qui était à environ quarante lieues du point où il était alors.

Depuis l'ouverture de la campagne, l'armée des Alpes et d'Italie était aux prises avec un ennemi très-supérieur en nombre.

Embarras de subsistances, difficultés de terrein, elle eut tout à combattre. Elle supporta toutes les privations, elle surmonta tous les obstacles avec un dévouement vraiment héroïque. Attaquée tous les jours, elle combattit tous les jours avec un nouveau courage, et pendant un mois l'ennemi, malgré sa supériorité, n'avait pas gagné un pouce de terrein et avait perdu beaucoup de soldats.

L'instant approchait où les nombreux renforts qui étaient destinés à l'armée d'Italie étaient prêts à les joindre. Des troupes du Rhin marchaient à son secours, et les pacificateurs des Pyrénées allaient se diriger vers les Alpes et y cueillir de nouveaux lauriers.

Bientôt cette armée allait reprendre une offensive audacieuse et porter la guerre au cœur des Etats de l'ennemi, pour défendre et protéger en Italie les Etats qui se montraient les amis de la France et anéantir les Gouvernemens qui persistaient dans la coalition contre la république française.

Le général Kellermann écrivit, le 19

thermidor an 3, au comité de salut-public la lettre suivante : « Citoyens représentans, j'arrive de faire une troisième tournée sur tout le front et les avant-postes du centre de la droite de l'armée, parcourant les crêtes des montagnes. J'ai rectifié les positions, j'ai ordonné de nouveaux retranchemens, j'ai donné de nouvelles instructions aux généraux divisionnaires, et je n'ai rien négligé pour en imposer à la supériorité momentanée de l'ennemi et annoncer l'attitude de la plus vigoureuse offensive.

Les troupes sont animées du meilleur esprit; j'ai admiré sur-tout leur patience à occuper des montagnes continuellement couvertes de brouillards et de neiges, et à supporter les peines et les privations suites inévitables de leur position. J'ai annoncé aux soldats que bientôt nous marcherions à l'ennemi ; tous brûlent de ce desir.

A la suite d'une affaire qui a eu lieu à la gauche, à Sainte-Anne, et au camp de la Lombarde, l'ennemi s'était emparé de ces deux postes. J'y ai fait marcher aussitôt trois bataillons, et les républicains ont repris

repris ces postes, l'ennemi a été chassé avec une grande perte.

Je pars demain pour cette partie, afin de m'assurer si les dispositions que j'ai ordonnées, pour qu'elle soit aussi imposante que le reste de la ligne, ont été suivies.

Je reçois la nouvelle que le général Vaubois, d'après mes dispositions, ayant eu avis que la gauche de l'armée d'Italie devait être attaquée, fit marcher deux colonnes de chacune quatre cents hommes, pour empêcher l'ennemi de pénétrer entre deux et de tourner l'une ou l'autre. La seconde colonne, passant sur les hauteurs de la Sture, y rencontra l'ennemi qui occupait un poste avantageux; mais, malgré sa résistance, il a été débusqué par les républicains, mis en fuite et poursuivi à une grande distance; nous lui avons fait trente-quatre prisonniers, tué ou blessé soixante ou quatre-vingts hommes. Un détachement de hussards a poursuivi les fuyards dans la vallée de Sture et leur a fait encore plusieurs prisonniers.

Une dépêche de la droite de l'armée qui

m'arrive à l'instant m'apprend que le 17 un combat s'est engagé à la pointe du jour avec nos avant-postes et ceux de l'ennemi; ceux-ci ont été repoussés avec perte.

L'ennemi a fait un mouvement sur plusieurs points de sa ligne; il a resserré et rapproché ses camps des nôtres. Il paraît qu'il fait filer des troupes sur sa droite: je suivrai ses mouvemens pour le bien recevoir, par-tout où il se présentera.

Malgré la supériorité des forces de l'ennemi, la position de l'armée des Alpes et d'Italie resta toujours la même. L'ennemi rassembla de grandes forces sur sa gauche; mais il fut contenu et arrêté dans tous ses mouvemens. Tous les jours il y avait des affaires de postes; et dans toutes les attaques de postes l'avantage demeurait aux Français.

Le 23 thermidor an 3, un corps de douze cents hommes de la division du centre alla faire un fourrage sur Limond et Limonet: l'ennemi voulut s'y opposer; après une fusillade très-vive, il fut repoussé par-tout avec perte, et poursuivi jusque dans ses retranchemens. Le fourrage s'effectua ensuite sans trouble et avec un plein succès. Les Français avaient à combattre contre les puissances coalisées non-seulement pour défendre leur liberté et leurs alliés, mais encore ils combattaient pour se procurer des vivres et des fourrages, qui devenaient rares pour eux à cause de la difficulté des transports; par ce moyen l'ennemi nourrissait deux armées, celle des Français et la sienne; ce qui ruinait le pays où était le théâtre de la guerre.

La convention ayant donné le commandement de l'armée de l'ouest au général Hoche, le commandement de l'armée des côtes de Brest au général Mouchi, celui de l'armée du département du midi au général Cartaux, préposa au commandement de l'armée des Alpes le général Kellermann, et à celui de l'armée d'Italie le général Schérer.

Si l'Espagne avait eu à redouter la bravoure du général Schérer, si la plaine de Saint-Père Pescador avait vu éprouver aux Espagnols ce que valait l'intrépidité de ce général appuyée de sa prudence, si les bords de la Fluvia avaient été témoins du désordre et de la fuite d'une armée nombreuse mise en déroute par une poignée de français, occupés à fourrager, parce qu'ils avaient à leur tête le brave général Schérer; si ce général avait signalé sa valeur dans les plaines de l'Ambourdan; Loano était destiné àmettre le comble à la gloire de ce héros. Il lui était réservé de remporter une victoire dont l'importance devait, en abattant les forces de la Sardaigne et de l'Autriche, frapper de stupeur ces puissances, mettre à découvert la nullité de la coalition contre les défenseurs, soit commandans, soit soldats que la France lui opposait; il lui était réservé de remporter une victoire dont les suites ouvraient le chemin de l'Italie, et pouvaient faire anéantir les puissances qui dominaient dans cette contrée; enfin, après cette victoire qui seule immortaliserait son auteur, et dans laquelle le général Schérer déploya les plus grands talens militaires et le courage le plus intrépide, il était réservé à ce commandant de remettre en héros une armée triomphante au héros qui devait lui succéder.

Dans la nuit du 7 au 8 fructidor, les Piémontais attaquèrent, avec des forces très-considérables, tous les avant-postes de Saint-Bernouil, où commandait le général Serrurier. Les Français résistèrent vigoureusement jusqu'au moment où ils reçurent quelques renforts. Ils se précipitèrent alors avec vigueur sur l'ennemi, qui fut battu et poursuivi jusqu'auprès des planches. On lui tua et blessa beaucoup de monde et on fit quelques prisonniers. Les sentiers par lesquels l'ennemi avait fait sa retraite étaient couverts de sang, ce qui annonçait que sa perte avait dû être considérable. Ce fut le bataillon de Mayenne et Loire qui dans cette occasion prouva que le courage pour les Français supplée au grand nombre.

Le 8 fructidor an 3, victoire de Saint-Bernouil, remportée sur les Piémontais par les Français.

Un corps d'environ six cents croates attaqua, à la pointe du jour, les avant-postes français du côté de Tuirans. Il était parvenu à enlever le poste des chasseurs dont le bataillon, cédant pour l'instant au nombre, s'était réfugié dans les retranchemens de retraite. Des renforts étant arrivés, les Français marchèrent sur l'ennemi, le char-

Attaque des avant-postes français du côté de Tuirans; l'ennemi repoussé avec perte.

gèrent avec impétuosité et reprirent le poste. Le combat fut des plus vifs et se soutint pendant quatre heures ; l'ennemi fut poursuivi jusque dans ses retranchemens. Les Français, en chargeant la bayonnette en avant, firent entendre les cris de vive la liberté ! Leur intrépidité fut à un tel point, qne l'ennemi, quoique supérieur en nombre, après avoir soutenu pendant une heure une lutte de corps à corps, se retira en déroute, en laissant sur le champ de bataille environ soixante hommes, et eut au moins cent blessés. Dans cette affaire les Français ne donnèrent pas à l'ennemi le tems de recharger leurs fusils. La bayonnette et le sabre assurèrent la victoire.

Les pays où se trouvait l'armée d'Italie étaient infestés de ces gens qu'on nommait barbets, qui entretenaient des correspondances avec l'ennemi et commettaient toutes sortes d'excès. Il y avait des barbets de deux espèces : les barbets qui étaient une espèce de troupes légères qui peuvent être comparées aux miquelets d'Espagne, étaient à la solde de l'ennemi ; ces barbets, en se battant, faisaient leur métier. On proposa d'établir un tribunal pour juger et faire punir les barbets de l'intérieur. La convention décréta qu'il serait établi une commission militaire, composée de cinq officiers de différens grades désignés par le chef de l'armée, pour juger à mort, dans les vingt-quatre heures, les brigands qui infestaient les environs de l'armée d'Italie, qui assassinaient ou volaient les individus faisans partie de ladite armée, attaquaient les convois, volaient ou recelaient des effets appartenans à la république, lorsqu'ils seraient pris en deça des avant-postes de l'armée française, sur ses flancs et sur ses derrières.

CHAPITRE VIII.

Ressource contre la disette de grains éprouvée par l'armée d'Italie. Déroute des Piémontais à l'attaque du Mont-Genèvre. Traits de courage des Français. Mouvemens dans l'isle de Sardaigne. Fuite des Piémontais au poste de la Cerise. Les Autrichiens se fortifient à Borghetto et à Albinga, les Français à Vado. Départ de Toulon d'une division de vaisseaux. Défaite des Autrichiens à Borghetto. L'isle de Sardaigne en rebellion ouverte. Le général Kellermann manque d'être assassiné. Prise du camp des Autrichiens à Garresio. Campagne d'Antomne. Division parmi les ennemis. Reprise du poste et du village de Malchaussée par les Français. Bombardement de Loano. Continuation des troubles dans l'isle de Sardaigne. Conseil de guerre tenu à

Albinga par les généraux et les représentans français. Enlèvement des magasins autrichiens à Volri. Défaite des Autrichiens et des Piémontais à champ-di-Piétri. Victoire de Loano. Prise de cent pièces de canon, etc., de Loano, Fiscale, Vado, Savonne et de tous les magasins des ennemis. Retraite des Autrichiens et des Piémontais à Intrapa et à Garresio. Victoire des Français à Spinardo. Le bourg Maurice incendié. Levo cerné par les Français. Trieste mis en état de défense. Excès commis par des soldats français. Proclamation à ce sujet. Retraite des Autrichiens sur Acqui. Prise par les Français de dix-huit bâtimens armés à Vado. Ordre donné par l'empereur de renforcer l'armée d'Italie. Mésintelligence entre les Piémontais et les Autrichiens. Crainte qu'éprouvent tous les Etats d'Italie. Beaulieu nommé général des Autrichiens en Italie. Lettre du roi de Sardaigne à ses armées. Traits particuliers de courage. Cantonnemens. Les Français repoussés de la côte de Priola.

Renforts envoyés au général piémontais Colli et aux Autrichiens. Arrivée du général Beaulieu à Milan. Retenue sur les pensions et appointemens dans cette ville. Suspension d'armes. Etat des finances du roi de Sardaigne. Dispositions à la paix dans l'Italie. Situation de l'isle de Sardaigne. Demande au Gouvernement génois de mettre une garnison française à Savonne. Prise de la frégate anglaise la Justice, près Tunis, etc. Le roi de Sardaigne envoie des couriers à Bâle et à Vienne. Envoi de vingt-cinq mille hommes de Naples à l'armée autrichienne. Etat des forces des Autrichiens et des Piémontais en Italie. Buonaparte nommé général de l'armée d'Italie. Caractère distinctif de ce général.

LA disette de grains se faisait sentir à l'armée d'Italie, des corsaires français s'emparèrent de neuf bâtimens chargés de bled qui furent d'un grand secours pour cette armée. Huit bâtimens grecs, aussi chargés de cette denrée, entrèrent dans le port de Toulon où on éprouvait ce besoin, ainsi que dans le reste de la France. Quatre de ces bâtimens furent déchargés dans les magasins de cette division, et les quatre autres furent envoyés à Nice.

Le 14 fructidor an 3, déroute des Piémontais à l'attaque du Mont-Genèvre.

Un corps de troupes sardes, fort de quatre mille hommes, divisé en trois colonnes, se porta, le 14 fructidor, sur le Mont-Genèvre, en avant de Briançon. Le général de brigade, Valette, fit aussitôt ses dispositions militaires. Il n'avait sous ses ordres, sur les points attaqués, que sept cents hommes. Instruits de cette attaque, le général Moulin, commandant en chef, s'y rendit sur-le-champ avec quelques officiers et cinquante hommes de cavalerie.

L'ennemi fut repoussé victorieusement sur tous les points : quelques avant-postes qui avaient été obligés de se replier dans le premier moment de l'attaque, furent repris. L'ennemi perdit dans cette affaire cinquante hommes tués ou blessés dangereusement. On lui fit deux cents prisonniers, au nombre desquels se trouvèrent douze officiers, dont plusieurs d'un grade supérieur.

Parmi les traits de courage de tous les Français dans cette journée, un sur-tout fut remarquable. Les Piémontais ayant surpris un poste de vingt-un chasseurs, les avaient confiés à trente hommes qui les emmenaient prisonniers. Janeria, sergent-major au deuxième bataillon d'infanterie légère, entreprit seul de les délivrer. Posté avantageusement au moment où le détachement passait, il s'écria : à moi, chasseurs, délivrons nos camarades ; à l'instant les Français prisonniers, encouragés par la voix du sergent-major, saisirent eux-mêmes leurs vainqueurs et les désarmèrent. Janeria, à la tête des vingt-un prisonniers qu'il venait de délivrer, ramena les trente Piémontais prisonniers, aux cris de vive la république! D'après le vœu des généraux, le représentant Réal conféra sur le champ de bataille le grade de sous-lieutenant au brave sergent-major, et celui de chef de bataillon au capitaine

Obasons, qui, ayant quarante-cinq ans de service, fut désigné, au rapport des généraux et de ses compagnons d'armes, comme un de ceux qui avait le plus contribué au succès de l'affaire.

Ce succès, important par lui-même, déjoua un projet plus vaste qu'avait conçu l'ennemi, et qui fut confirmé par le dire des prisonniers et par des rapports constans, qu'il avait placé différens corps de troupes destinés à agir, d'après l'expédition, sur le Mont-Genèvre dont il regardait le succès assuré. Dès le commencement de l'action, les Piémontais firent trente prisonniers français.

Ces différentes pertes servaient à ajouter aux inquiétudes que la Cour sarde éprouvait, à cause des mouvemens qui se succédaient dans l'isle de Sardaigne. Un habitant de cette isle qu'il venait de quitter, et arrivé à Turin, eut une audience du roi. Il apprit qu'il y avait toujours des désordres dans cette ville. Il y régnait un nouveau sujet de trouble de plus. Il s'était élevé une forte dispute entre les départemens de Cagliari et de Sassari; le second voulait être entièrement indépendant du premier.

L'état de la Sardaigne donnait à la Cour de Turin les plus vives alarmes. Toute l'isle se livrait à l'esprit d'insurrection ; par-tout régnait la fermentation la plus exaltée. Le général piémontais, marquis de Pagliaccio, fut arraché par une multitude furieuse de la prison où il était renfermé, et fut mis en morceaux. Les turbulens exigeaient l'expulsion de tous les Piémontais, et la faculté de se gouverner eux-mêmes, comme pays tributaire. Les amis de la Cour étaient dans la situation la plus critique.

Le 15 fructidor an 3, défaite de quinze cents Piémontais au poste de la Cerise.

Les différentes pertes qu'avaient éprouvé les Piémontais, ne les empêchèrent pas dans la nuit du 14 au 15 fructidor an 3, d'entreprendre à la faveur d'un très-mauvais tems de faire passer le col de Pierre-Etroite à un corps de quinze cents hommes de troupes choisies. La pluie, la neige, le brouillard leur facilitèrent l'approche du poste de la Cerise qui ne put d'abord leur résister.

Vers minuit et demi, on sut à Saint-

Martin de Lantoscoa que l'ennemi s'avançait avec une force considérable. Le général de division Serrurier ordonna la générale, et rassembla trois cents dix-huit hommes, total de la force de ce cantonnement, déduction faite des gardes et des détachemens. Les premiers hommes assemblés se portèrent au plus tôt où était le danger ; c'était à l'entrée du village où l'ennemi était déjà parvenu. Ils y furent compromis par leur trop grande faiblesse ; quelques-uns furent tués, et dix faits prisonniers ; enfin, la totalité de la troupe rassemblée, se porta sur lui ; il était aux tentes des canonniers, placées dans l'enceinte du village.

Le combat fut vif et long en même tems. Le Français fut en quelque sorte obligé de se multiplier pour résister au grand nombre qui était près de l'accabler ; néanmoins la contenance et la bravoure des français l'emportèrent, et l'ennemi fut forcé à la retraite vers six heures du matin. Alors les obstacles se multiplièrent, parce qu'il occupait les hauteurs qui favorisaient sa retraite et qui pouvaient lui procurer un nouveau moyen de revenir à la charge. Rien n'arrêta l'impétuosité des troupes, elles furent victorieuses sur la montagne, comme dans la gorge. L'ennemi se retira en bon ordre et lentement jusqu'au poste de la Cerise qui lui eût été bien avantageux s'il n'eût pas eu affaire à des Français. L'attaque en fut faite en ordre, l'ennemi ne put résister, et il se retira par la même route qu'il était venu. Pendant l'action on fit environ cent cinquante prisonniers, depuis on en ramassa à-peu-près autant, de manière qu'on eut le nombre de trois cents dix prisonniers, compris dix officiers de différens grades. On ramassa une si grande quantité de fusils, qu'on ne put en savoir aussitôt le nombre.

Il y eut vingt-deux Piémontais tués aux environs de Saint-Martin. Il en périt beaucoup plus jusqu'au lieu où on cessa de les poursuivre. Le reste de la troupe ne dut son salut qu'à la trop grande faiblesse où les Français se trouvèrent relativement au nombre. Parmi les morts se trouva M. Bonnau, commandant l'expédition, qui blessé et et sentant qu'il ne pouvait échapper, préféra se brûler la cervelle.

La nuit empêcha de connaître les belles actions qui se firent pendant un combat si extraordinaire. Ce qu'il y eut de certain, c'est que chacun fit son devoir ; car sans cela les Français succombaient sous le nombre. L'adjudant général Rambaud se trouvant par-tout, dirigea tout, et contribua beaucoup à l'avantage de cette journée. Le chef de la quatre-vingt-quatrième-demi brigade ne quitta pas la tête de la colonne, et par son exemple aida au succès de cette affaire. Sans le courage et la plus grande prudence, qu'auraient pu environ trois cents hommes contre quinze cents ?

Une action aussi vigoureuse et aussi longue coûta du sang à la république. Dix furent faits prisonniers, dont deux officiers; seize furent blessés, dont trois officiers, et l'aide-de-camp du général Verne. Il arriva cinquante prisonniers des chasseurs de Nice, et on en annonça encore d'autres ; de sorte que ce corps fut entièrement détruit par les prisonniers, les déserteurs ou les morts. Le total des prisonniers se monta à six cents.

Dans l'après-midi de cette journée le col de Fenestres fut attaqué par un corps de six cents Piémontais ; mais la bonne contenance des Français, soutenus de quelques coups de canons, terminèrent bientôt l'affaire, et les ennemis se retirèrent.

Le général Kellermann écrivit au comité de salut public : C'est à moi de vous parler de la manière distinguée dont s'est conduit le général de division Serrurier ; c'est au sang-froid et au courage de cet excellent officier qu'est dû le succès de cette journée glorieuse, dans laquelle il est parvenu à battre un ennemi vainqueur qui déjà avait pénétré jusqu'à son quartier général. Il m'ajoute que l'ennemi a attaqué sur tous les points, que par-tout il a été repoussé, et qu'il attend encore des prisonniers que lui envoie l'adjudant-général la Salcette dont il se loue beaucoup.

Les Français et les Autrichiens se fortifiaient respectivement ; les premiers à Borghetto et à Albinga, les seconds à

Vado. Le général autrichien Dewins faisait fortifier de son côté le Mont-Balin qui dominait Savonne et Vado. On disait que c'était un moyen d'assurer sa retraite en cas de besoin. Les Français firent venir sept mille hommes de la ci-devant Provence, et les repartirent au col de Tende et sur les hauteurs environnantes.

Tandis que les Français se mettaient en mesure en Italie, le comité de salut public donna ordre pour qu'une division de six vaisseaux de ligne et de trois frégates, partit du port de Toulon pour une expédition. Cette division, commandée par le citoyen Richery, attendait le premier vent favorable pour mettre à la voile. Elle était composée des vaisseaux la *Victoire*, de quatre-vingts canons, le *Jupiter*, le *Barras*, le *Duquesne*, la *Révolution* et le *Berwick*, de soixante-quatorze canons; des frégates la *Félicité*, l'*Embuscade* et la *Friponne*. Le but de cette expédition fut de détruire les établissemens anglais à Terre-Neuve, et le succès en fut complet.

Le général de division Massena et le

général de brigade Saint-Hilaire, se distinguèrent sur la ligne de Borghetto. Depuis plusieurs jours l'ennemi s'était établi à Champ-di-Pietri, au nombre de huit mille hommes, et il y avait fait des ouvrages considérables, défendus par deux bouches à feu, dont deux obusiers. Son intention étant d'attaquer le fameux rocher, nommé le Petit-Gibraltar, point le plus important de la seconde subdivision, le général Massena ordonna de suite au général Saint-Hilaire de renforcer de trois bataillons cette partie de la ligne, et de faire placer une pièce de trois et une de quatre en arrière du rocher, pour soutenir la retraite des troupes chargées de sa défense, dans le cas où elles y fussent forcées.

Le cinquième jour complémentaire de l'an 3, défaite des Autrichiens à Borghetto.

Le troisième jour complémentaire, à cinq heures du matin, l'ennemi fit un mouvement sur toute la ligne de la première division ; on s'apperçut bientôt quel en était l'objet : quoique toute la ligne de Borghetto fût attaquée en même tems, tout fit connaître que c'était au rocher à qui on en voulait. Il prépara son attaque par un feu très-vif de toute son artillerie, et il fit descendre de Champ-di-Piétri trois colonnes, fortes d'environ cinq mille hommes, indépendamment de sa réserve qui était d'à-peu-près de quatre mille hommes. Ces trois colonnes se présentèrent au pas de course, et elles forcèrent les grandes-gardes et les postes avancés. Ce succès enhardit les ennemis et ils continuèrent leur course pour cerner le rocher.

Tous ces petits avantages ne découragèrent point les Français ; l'audace de l'ennemi ne servit qu'à augmenter leur ardeur. Les Autrichiens furent reçus par un feu roulant qui les obligea bientôt à la retraite. Ils revinrent pendant trois fois à la charge, et trois fois ils furent reçus de la même manière. Les Français ennuyés de rester dans leurs retranchemens, en sortirent et poursuivirent l'ennemi la bayonnete aux reins ; l'action changea à l'instant de face. Plus de cinq cents restèrent tués ou blessés sur le champ de bataille, et on leur fit quatre cents prisonniers. Sans un brouillard épais, les éclaireurs et les grenadiers auraient enlevé l'artillerie et pris le camp ; mais le général connaissant la réserve qui était restée à Champ-di-Piétri, et ignorant les mouvemens qu'elle avait pu faire pendant le brouillard, ordonna à ses troupes de rentrer dans les retranchemens. Outre les morts, il y eut deux officiers français parmi les blessés.

Toutes les troupes, particulièrement les grenadiers et les éclaireurs, se conduisirent avec le plus grand courage dans cette affaire : officiers et soldats, tout combattit avec intrépidité, et malgré le petit nombre et qu'ils eussent affaire aux autrichiens, rien ne put intimider les français ni arrêter leur valeur ordinaire.

L'Adjudant-général provisoire, Saint-Hilaire, secondé pendant toute l'action par le chef de bataillon Marnot, avait disposé le tout avec une très-grande intelligence et le plus grand sang-froid. Pendant que les autrichiens montraient le plus vif acharnement pour enlever le Petit-Gibraltar, tout leur côté gauche était dans le même moment formé en colonne, et leurs avant-postes attaquaient ceux des français, attendant la réussite de l'attaque du centre, pour la rendre générale sur toute l'aîle droite de l'armée française.

Les Français ayant reçu des renforts considérables, les ennemis ne tardèrent pas à en être informés. Ils apprirent aussi qu'ils n'attendaient que l'organisation des nouvelles troupes, pour quitter la défensive et reprendre les opérations offensives. Ces nouvelles servirent à ajouter encore aux inquiétudes et à la crainte que le nom des Français et la force de leurs armes avaient répandues dans ces contrées.

La Sardaigne était en rebellion ouverte. Les prêtres, les nobles, hommes et femmes, les agens du gouvernement y étaient en état d'arrestation. On parlait d'abolir la noblesse, d'exiler tous ceux de cette classe, et tous les prêtres qui se montreraient les amis de l'ancien ordre de choses. Le vice-roi avait été quelque tems respecté des insurgens; mais il venait d'être mis aux arrêts avec ses principaux ministres.

L'évêque de Cagliari fut mis aussi en prison. Le ministre se vit obligé d'autoriser les stamens, ou états-généraux de l'isle, à se gouverner comme ils le jugeraient convenable. Une émeute avait aussi eu lieu au sujet d'un convoi de grains, préparé pour la ville de Gênes.

Le général Kellermann manqua d'être tué d'un coup de fusil qui lui fut tiré comme il se rendait en voiture, avec son aide-de-camp, de Sospello à Escazau. Heureusement il n'eut que le front effleuré. L'aide-de-camp sauta hors du carrosse, et le pistolet en main, arrêta trois des assassins qui étaient de ces hommes connus sous le nom de Barbets.

Le 3 vendémiaire an 4, prise du camp des Autrichiens à Garesio.

Le général de brigade Miolis s'étant emparé, le 3 vendémiaire an 4, à Garesio du camp des Autrichiens et Piémontais, le brûla après une attaque très-vive, où les ennemis laissèrent soixante-deux morts et beaucoup de blessés sur le champ de bataille. Le général de brigade fit dix-neuf prisonniers, et s'empara d'un magasin à poudre. Les Français avaient encore été vainqueurs sur plusieurs points dont ils avaient débusqué l'ennemi. La convention fut informée, le 14 vendémiaire, que l'armée d'Italie était toujours animée du même courage, et de cet ardent amour pour la liberté qui maîtrise tous les obstacles, et le général Kellermann manda au comité de salut public que son armée avait repris l'offensive sur plusieurs points.

Les Français préparaient une campagne d'automne qui paraissait devoir être décisive. La conclusion de la paix avec l'Espagne leur donna la faculté de tripler en nombre leur armée d'Italie. Déjà il était arrivé à Nice des renforts considérables; et les Français familiarisés avec la victoire, reprirent enfin la terrible offensive, seule manière de combattre qui convenait à leur caractère impétueux. Les provisions, les vivres, les munitions de toute espèce s'augmentaient à proportion de l'accroissement de l'armée.

Il semblait que l'ennemi sentait déjà l'ascendant irrésistible de la bravoure française. Les Autrichiens et les Piémontais calculèrent la probabilité d'une retraite nécessaire; leurs opérations tendirent à l'assurer, et ils contre-mandèrent les transports de munitions et d'artillerie. Leur général Dewins était attaqué d'une maladie grave, et la division régnait parmi eux.

Un détachement de Piémontais surprit et attaqua, le 6 vendémiaire an 4, un des avant-postes des Français, dans la gorge de Rebou, à la gauche de Mont-Cénis. Les Français perdirent plusieurs hommes, la sentinelle du poste, quinze prisonniers, et eurent plusieurs blessés. L'ennemi perdit deux hommes tués sur la place, dont le paysan qui avait servi de guide, et eut cinq blessés.

Le 7 vendémiaire, an 4, reprise du poste au village de Malchaussée, par les Français.

Le lendemain 7, le général Moulin donna l'ordre au général de brigade Pouget, de faire reconnaître de suite la position de l'ennemi, au village de Malchaussée, qui se trouvait vis-à-vis Rebou, et d'enlever les postes. En conséquence, le général Pouget ordonna à l'adjudant-général Chambeau de partir le soir, avec cinquante hommes, pour attaquer l'ennemi avant le jour; mais trois paysans du village de Bessano, où se réunissaient les troupes françaises, passèrent par des sentiers impraticables et prévinrent l'ennemi, qui réunit ses forces et se mit en état de défense. La quantité de bivouacs et de sentinelles qui se répétèrent à l'approche des Français, assurèrent à l'adjudant-général qu'il était attendu. Mais, malgré la supériorité de l'ennemi, tant en nombre que par sa position, sur un sommet escarpé et retranché, vu l'ardeur des volontaires, l'adjudant-général Chambeau ordonna l'attaque et partit à la tête des colonnes du centre, qui, ainsi que celle de gauche, aux cris répétés de vive la république, gravirent aussitôt les rochers escarpés, et malgré le feu de l'ennemi, franchirent les retranchemens, s'emparèrent du camp, de tous les effets de campement, et de ce qui s'y trouva de munitions.

Dans le même tems, la colonne de droite se porta sur le village de Malchaussée, où l'ennemi était pareillement retranché; mais il ne put résister à la vigueur et à l'impétuosité des Français, et dans ces deux postes à-la-fois, ils y jetèrent tellement la frayeur, que l'ennemi fut mis en pleine déroute, et ne trouva de salut que dans sa fuite, à la faveur de la nuit.

La perte de l'ennemi monta à plus de cent hommes tués et beaucoup de blessés, qui ne purent être emportés à cause de la difficulté des chemins, dont la majeure partie était sur des glacis, et en dix-neuf prisonniers.

L'adjudant-général Chambeau se distingua dans cette affaire, par ses talens et sa bravoure, ainsi qu'il en avait donné des preuves à différentes attaques au Mont-Bernard. Tous les volontaires et les officiers donnèrent généralement des preuves de leur courage ordinaire. Deux des paysans de Bessano, désignés et reconnus par les prisonniers pour avoir averti l'ennemi, furent arrêtés.

Le 10 vendémiaire an 4, les troupes de l'avant-garde ennemie s'étant placées en face de Borghetto, sur un mamelon, commencèrent à se retrancher pour y mettre des batteries de gros calibre. Le général Massena, averti de la position qu'avait occupé l'ennemi, ordonna au général Victor, commandant la première division de droite, d'en chasser l'ennemi et de détruire les retranchemens qu'il avait commencés.

Son ordre fut exécuté dans la nuit du 10 au 11, avec beaucoup de bravoure et d'intelligence, de la part du général Victor et des troupes à ses ordres. Deux petites colonnes embrassèrent le mamelon, le cernèrent de tous côtés, tandis que cent grenadiers et deux cents chasseurs empêchaient l'ennemi d'arriver au secours des siens. Le mamelon fut emporté; les Français sautèrent dans les retranchemens et tuèrent tout ce qui s'y trouva. Quatre-vingts hommes des ennemis furent trouvés morts dans leur enceinte. Le peu qui resta se sauva à la faveur de la nuit. Les retranchemens furent abattus, et les Français ramenèrent quelques prisonniers.

On fit partir quatre tartannes et quatre barques canonnières françaises pour bombarder Loano, tandis que les batteries de la montagne du Saint-Esprit le foudroyaient d'un autre côté. Cette place, occupée par les Autrichiens et les Piémontais, fut beaucoup endommagée par le feu de ces batteries.

Les Autrichiens se fortifièrent de plus en plus à Pietri, à Loano, et firent descendre quelques canons des hauteurs. Les Français, quoique momentanément dans l'inaction, conservèrent une attitude menaçante en se renforçant tous les jours. Le général autrichien en chef Dewins résidait alternativement à Finale et à Pietri. Le général Turvein le remplaçait pendant son absence.

L'isle de Sardaigne était toujours en proie aux discordes civiles. Cagliari et la plus grande partie de l'isle étaient toujours en insurrection contre le Gouvernement piémontais. Il n'y avait que le cap Sassari et peu d'autres endroits qui tinssent pour l'autorité royale. La Cour eut la prudence de flatter ceux mêmes qui étaient révoltés contre elle.

Les maladies avaient emporté beaucoup de monde aux ennemis à Vado, et les désertions étaient extrêmement nombreuses de leur côté, ce qui contribuait beaucoup à les affaiblir. Du côté des Français, la gaieté, l'ardeur et le courage régnaient parmi les troupes, malgré les fatigues et les privations de tout genre qu'elles éprouvaient. Il se tint, le 5 brumaire an 4, à Albinga, un conseil de guerre où assistèrent les représentans du peuple, le général Schérer et autres généraux de division. L'objet de ce conseil fut pour déterminer les attaques qui devaient avoir lieu.

Les dispositions des Français, leurs mouvemens, leur valeur invincible, tout annonçait qu'ils préparaient une attaque générale. L'armée française reçut un convoi de provisions de bouche et de munitions de toute espèce, escorté par huit chaloupes canonnières. Cette armée était forte alors d'environ cinquante mille hommes effectifs. Les officiers de tout grade avaient reçu l'ordre de se rendre sur-le-champ à leurs postes respectifs. Le passage suivant fut remarqué dans une proclamation des commissaires français auprès de l'armée : La victoire est sûre ; des légions de soldats vainqueurs et pacificateurs des Pyrénées viennent partager avec nous les périls de l'entreprise.

Les régimens autrichiens qui étaient à Veyhera rétrogradaient vers Milan, Lodi et Crémone. Les Autrichiens et les Piémontais s'attendaient à une attaque vigoureuse et générale de la part des Français.

Le général français Schérer arriva le 14 novembre, de Vintimille à Saint-Reme, avec un renfort de cavalerie. Il partit peu de tems après pour l'aîle droite de l'armée. Les Français s'étaient postés, le 10, en petit nombre, dans la nuit, à dix milles de Gênes; là, ils avaient enlevé tous les magasins autrichiens, pris quatorze hommes employés à leur garde et une caisse contenant deux cents mille livres en espèces. Ils placèrent deux pièces de canon et des munitions de guerre, et en attendant le renfort qui devait leur venir de la Rivière, ils se fortifièrent et transportèrent à Gênes ce qu'il y avait de plus précieux dans leur prise.

Pendant que les Français prenaient possession de ces richesses à Volri, deux cents cinquante autres Français, faisant partie des équipages d'une frégate et de plusieurs

plusieurs corsaires, s'emparèrent d'autres magasins autrichiens et des greniers à sel du roi de Sardaigne, à Saint-Pierre d'Arona, à un mille de Gênes. Ce systême de petite guerre réussissait merveilleusement aux Français, qui sont actifs et entreprenans.

Quatre mille hommes d'infanterie et deux escadrons de cavalerie destinés pour l'armée française du centre, arrivèrent à Nice. Les moyens de transports devenaient de plus en plus rares et difficiles. Les commissaires français obtinrent du commissaire-général génois de Saint-Remo, un ordre portant que les communes du pays seraient tenues de fournir des bêtes de sommes aux officiers français qui en demanderaient, moyennant une juste rétribution. Conformément à cette nouvelle mesure, un convoi de cartouches et de farines fut envoyé d'Oneglia à Ormea.

Le 26 brumaire an 4, défaite des Autrichiens et des Piémontais à Champ-di-Pietri.

Les généraux de division Augereau et Charlet, sous le commandement du général en chef Schérer, battirent, le 26 brumaire an 4, les Autrichiens et les Piémontais, à Champ-di-Pietri, et leur firent éprouver une perte considérable en tués et blessés. Les Français firent cinq cents prisonniers, prirent trois pièces de canon et quatre cents fusils dans cette journée.

Le 2 frimaire an 4, victoire de Loano, remportée par les Français sur les Austro-Sardes.

Le 2 frimaire suivant, la brave armée d'Italie, ayant à sa tête le général en chef Schérer, attaqua l'ennemi à Loano. L'affaire commença à six heures du matin et dura jusqu'à cinq heures du soir; jamais combat ne fut plus opiniâtre. Les Français avaient en tête, dans la vallée de Loano, les troupes d'élite de l'armée autrichienne, qui combattirent comme des lions, mais qui avaient affaire à des Français. Des redoutes à triples étages furent enlevées : elles ne coûtèrent que le tems nécessaire pour y parvenir à la course. Les ennemis furent mis en pleine déroute. Le général Massena les tint comme cernés, par les positions qu'il avait prises sur les hauteurs de Saint-Pantaléon, en avant de Finale; et le général Schérer les talonna de près sur les derrières.

La perte de l'ennemi fut considérable en tués et blessés; presque tous ses canons tombèrent au pouvoir des Français; et l'armée du général autrichien Dewins fut détruite de plus de moitié dans cette journée. Ce général, ayant sommé le sénat de Gênes de lui remettre la forteresse de Savonne, il fut répondu officiellement au Gouvernement génois que, si l'on avait la faiblesse de livrer cette place, l'artillerie de siége était prête pour n'y pas laisser pierre sur pierre. Le Gouvernement génois, qui se déclarait toujours pour les plus forts, ne se rendit pas coupable de cette perfidie envers les Français, qui eussent été forcés par là à faire un siége dans la mauvaise saison.

Depuis le 2 frimaire, l'armée française ne cessa pas de combattre. Son centre et une partie de la gauche étaient en avant sur des hauteurs, et l'ennemi se trouvait entre deux féux; conséquemment, la communication avec l'ensemble de l'armée française fut impossible dans cette circonstance. On se consola de cet inconvénient par la certitude où l'on fut que, de toutes les divisions de cette armée, on n'aurait que des succès brillans à annoncer. Les Français entrèrent à Finale, où ils trouvèrent d'immenses magasins. L'ennemi consterné fuyait du côté de Savonne et Baguiano; il fut vigoureusement poursuivi.

Dans cette bataille de Loano, où commandaient le général en chef Schérer, les généraux de division Serrurier, Massena et Augereau, les Autrichiens et les Piémontais eurent trois mille hommes tués sur le champ de bataille, sans les blessés. Ils perdirent cinq mille hommes qui furent faits prisonniers, dont plusieurs officiers-généraux et deux cents officiers de tout grade. Les Français s'emparèrent de la Pietra, de Loano, Finale, Vado et Savone, avec tous les magasins des ennemis, de cent bouches à feu, cent caissons, cinq drapeaux et une immense quantité de fusils. Tels furent les avantages que remportèrent les Français dans cette journée mémorable. On peut dire que par cette victoire, le général Schérer ouvrit l'entrée de l'Italie entière, et en remit, pour ainsi dire, la clef au général qui devait lui succéder.

Le Gouvernement français sut apprécier le mérite de cette victoire. Aussi tant que le Gouvernement saura reconnaître, distinguer et encourager le mérite, il sera assuré des plus grands succès dans tout ce qu'il fera mettre à exécution pour la patrie. Jamais il n'y eut de mobile plus puissant pour élever l'ame et porter aux grandes actions, qu'un regard du Gouvernement : un souvenir, une parole de sa part électrisent et enflamment le cœur. Pour les mériter, tout devient possible ; les plus grands dangers, la mort même, perdent leur aspect effrayant et s'affrontent avec le calme qu'inspire la vue d'un spectacle qui doit exciter de la joie. « Les anciens législateurs, dit J.-J. Rousseau, cherchèrent dans leurs institutions des liens qui attachassent les citoyens à la patrie et les uns aux autres, et ils les trouvèrent dans des usages particuliers, dans des cérémonies religieuses qui, par leur nature, étaient toujours exclusives et nationales, dans des jeux qui tenaient beaucoup les citoyens rassemblés, dans des exercices qui augmentaient, avec leur vigueur et leur force, leur fierté et l'estime d'eux-mêmes, dans des spectacles qui, leur rappelant l'histoire de leurs ancêtres, leurs malheurs, leurs vertus, leurs victoires, intéressaient leurs cœurs, les enflammaient d'une vive émulation et les attachaient fortement à cette patrie dont on ne cessait de les occuper ».

Les anciennes républiques de la Grèce, et après elles la république romaine, connurent la force de ce pouvoir; aussi la moindre action éclatante, dans ces républiques, recevait le tribut d'éloge qui lui était dû. Après la bataille de Platée, il fut décrété dans la Grèce, que tous les ans les peuples de ces contrées enverraient des députés à Platée, pour y honorer, par des sacrifices, la mémoire de ceux qui avaient perdu la vie dans le combat, et que tous les cinq ans on y célébrerait des jeux solemnels qui seraient nommés les fêtes de la liberté.

Ce moyen est infaillible, parce qu'il est fondé sur la nature de l'homme, qui est flatté lorsqu'il voit que ses actions intéressent ses semblables, et sur-tout ceux qui sont préposés à le gouverner. L'homme aime la gloire, et l'honneur est la divinité chérie des Français, c'est-à-dire, de ceux qui trouvent leur patrie dans la France, et qui, ayant tout sacrifié pour sa prospérité, sont encore prêts à se dévouer pour elle.

Les Autrichiens parurent découragés, leur ardeur était éteinte; ils n'opposèrent plus aux efforts des Français la même résistance qu'au commencement de la campagne. Les Français espérèrent forcer sous peu de jours l'ennemi à abandonner la côte, afin de communiquer par terre avec Gênes. Les Anglais ne paraissaient plus; et les dispositions du général Schérer semblaient devoir promettre une continuité de succès.

Le 3 frimaire an 4, défaite des Autrichiens et des Piémontais à Intrapa et Garesio.

Le général de division Serrurier ayant attaqué, le 3 frimaire an 4, les Autrichiens et les Piémontais à Intrapa et à Garésio, les battit et les mit en déroute. Les ennemis firent une perte considérable en tués, blessés et prisonniers. Dans les journées du 6, du 7 et du 8 du même mois, le même général les battit à Spi-

Les 6, 7 et 8 frimaire, victoire des Français à Spinardo.

nardo. L'ennemi eut quatre cents hommes tués ou blessés. Les français firent six cents prisonniers, et s'emparèrent de dix-neuf pièces de canon.

Les commissaires du Gouvernement français près l'armée d'Italie et des Alpes, écrivirent de Nice, le 9 frimaire, aux membres du directoire exécutif: Citoyens, l'ennemi fuit encore. L'armée française s'est emparée des postes de Saint-Bernard, de Mélogne, de la place de Cairo, enfin du point important de Vado; les éclaireurs sont même au-delà de Savonne. Ces avantages ne sont pas douteux. Le représentant Peyre, l'un de nous, arrive en ce moment de la droite, où il a été témoin oculaire des effets étonnans de la bravoure des défenseurs de la France.

Le nombre des prisonniers ne peut encore se calculer, les divisions de l'armée française en font continuellement sur l'armée dispersée des Autrichiens et des Piémontais. Le triomphe est complet, et la défaite des Austro-Sardes le sera, si le général Massena, qui est à la division de gauche, peut arriver assez tôt encore pour couper la retraite. Ritter jouit maintenant; il a ce qu'il desirait, Vado et ce qui s'ensuit. Nous nous sommes emparés de trente mille sacs de farine, grains et orge, et de beaucoup d'autres approvisionnemens en proportion.

Depuis le 5 frimaire jusqu'au 15, il arriva à Nice plus de huit mille Autrichiens et Piémontais, qu'on fit passer dans l'intérieur de la France. Il en arrivait journellement des centaines. Les deux généraux autrichiens, faits prisonniers, y arrivèrent le 15; et ils avaient été précédés, quelques jours auparavant, de cinquante officiers, tant Autrichiens que Piémontais.

Les Français devaient prendre les quartiers d'hiver à Vado et à Savonne. Le reste des ennemis, échappés à leur poursuite, fuyaient dispersés à travers les montagnes. Aucune armée, depuis le commencement de la guerre, n'avait été aussi complètement détruite sur tous les points. Le général Dewins, qui était malade à Finale, fut obligé de se faire transporter, par une vingtaine de porte-faix, en Piémont. Ce transport précipité lui coûta beaucoup. Ce général, lors de son arrivée dans le pays génois, avait publiquement déclaré qu'il ne quitterait ses bottes qu'à Nice. Ce fut le général autrichien Wallis qui commanda pendant la maladie du général en chef Dewins. Une frégate anglaise, dont l'équipage ignorait que Vado était au pouvoir des Français, entra dans le port de cette ville. Elle n'eut pas plutôt mouillé dans cette ville, que les Français s'en emparèrent.

Un incendie affreux ayant consumé, dans une nuit, les récoltes, denrées et maisons d'habitation de toute la commune du bourg Maurice, situé dans la haute Tarentaise, rien n'y ayant été sauvé, excepté cinq maisons, où se trouvaient les magasins de l'armée; les incendiés se trouvèrent dénués de toutes ressources, et n'eurent d'autres abris, dans un climat où l'hiver dure six à sept mois, que ceux qu'ils purent obtenir hospitalièrement des communes voisines. Ce pays était le théâtre de la guerre depuis trois ans, et servait de quartier-général à la division de la Tarentaise pendant la guerre. La situation de cette commune la rendait militaire, et elle était le seul emplacement propre pour les magasins.

Le général en chef Kellermann recommanda aux égards et à la bienfaisance du Gouvernement français, ce bourg dont le dévouement avec lequel il avait fait les plus grands sacrifices en faveur de l'armée française, ne pouvait qu'ajouter à l'intérêt qu'inspiraient, sous tous les rapports, de malheureuses familles, et faire accélérer les secours.

Au commencement de frimaire an 4, il partit de Toulon une division, composée d'un vaisseau et de quelques frégates qui entra à Smyrne avec dix-sept prises anglaises.

Levo fut cerné par les Français; quatre mille Piémontais y étaient renfermés, et dix mille Français étaient campés derrière. L'armée autrichienne, ayant totalement quitté l'armée piémontaise, se retira à Alexandrie; quatre mille cinq cents hommes furent bloqués par la colonne du centre. La colonne de droite tenait, dans son milieu, douze mille hommes d'infanterie et six escadrons de cavalerie dans un village. Les Français arrêtèrent une ordonnance, en sortant de ce même village, qui portait l'ordre de faire passer des vivres, qu'autrement ils seraient obligés de se rendre.

Tous les villages du pays de Gênes étaient remplis de prisonniers autrichiens et piémontais, et on paraissait embarrassé pour les faire passer en France.

Depuis leur dernière victoire, les Français menaçaient la place et le port de Trieste qui appartenait à l'empereur. De peur qu'ils ne tombassent au pouvoir des Français, les Autrichiens les mirent en état de défense, et l'excédent de la garnison et de celle des postes de la côte fut envoyé dans le Milanais. Ce secours fut bien peu considérable. Ces troupes faisaient partie de la garnison de Valenciennes, que les Français, lors de leur rentrée dans cette place, avaient faites prisonnières, et qui avaient juré de ne pas servir dans la guerre actuelle. Il se trouvait un cordon de troupes françaises depuis Vintimille jusqu'à Voltri. L'armée se renforçait chaque jour, et il venait de lui arriver encore six mille hommes de Nice. Toujours vainqueur, le général Serrurier s'avança jusqu'à Ceva, et bloqua cette ville importante.

Jusqu'alors cette guerre n'avait pas offert d'exemples d'un évènement aussi désastreux que la dernière défaite des Autrichiens à Loano. En Allemagne et en Piémont, on attribuait cette brillante victoire des Français aux caprices des élémens qui, par une fatalité inconcevable, s'étaient déchaînés contre les Autrichiens, sans nuire aux Français. Les causes alléguées d'une si grande déroute ne furent pas crues et n'eurent aucun succès dans le Piémont et la Lombardie où l'on ne savait que trop la vérité. La bravoure indomptable des Français et la jactance du baron Dewins firent seules ce qu'on reprochait aux élémens. L'état des choses fut tel que cette journée ayant ouvert aux Français l'entrée de la Lombardie, tous les Etats d'Italie crurent avec raison leur tranquillité vivement menacée, et se repentirent plus que jamais de n'avoir pas suivi le sage exemple de la Toscane. La cour de Piémont fut sur-tout dans les plus vives alarmes.

Les débris de l'armée autrichienne se rassemblèrent derrière le Tanaro, entre Asti et Alexandrie. Il n'était pas resté huit cents hommes de la division du général Argenteau, et pas un canon de toute son artillerie. L'armée autrichienne ne fut pas défaite, elle fut détruite.

Le citoyen Ritter, commissaire du Gouvernement français, le général en chef, Schérer, et les généraux Laharpe, Pignon, etc. se rendirent à Savonne. Le ministre français auprès de la république de Gênes se rendit auprès d'eux, avec son secrétaire, le 29 frimaire an 4.

Après leur victoire, des soldats français commirent des excès dans les pays conquis, et même sur le territoire de la république de Gênes, alliée de la France. Le général en chef Schérer, d'après le résultat de l'assemblée de la veille, fit, le 30 frimaire, la proclamation suivante à son armée :

« Soldats d'Italie, vous avez vaincu nos ennemis; vous avez montré une valeur héroïque, et vous avez bien mérité de la patrie. Ceux qui, parmi vous, se sont distingués par des preuves extraordinaires de valeur, auront leur récompense, et j'aurai soin de faire connaître à la France les belles actions dont ils ont été capables. Mais, après avoir triomphé pour la liberté, plusieurs d'entre vous se sont déshonorés par des vols, par des incendies, par une conduite punissable envers les femmes. Votre aveugle fureur s'est portée à ces excès déshonorans, jusques dans les pays génois qui ne vous ont fait aucun mal, et qui ont constamment refusé de se coaliser avec vos ennemis....

Soldats, votre père vous avertit pour la dernière fois, de mettre fin à des procédés qui flétrissent la réputation de l'armée d'Italie. Vous connaissez les loix qui défendent, sous peine de mort, les excès auxquels vous vous êtes laissés emporter. Vous seriez sans excuses, même dans les limites d'un pays conquis, puisque vous n'avez pris les armes que pour exterminer ceux qui se sont armés contre votre patrie, et non contre de malheureux et pacifiques habitans.

En conséquence, je vous préviens de la ferme et inébranlable résolution où je suis de punir, selon toute la rigueur des loix, le premier d'entre vous qui se livrera à des excès qui ne peuvent que vous couvrir de honte. Je sais que, parmi les chefs, il y a des officiers assez vils pour se déclarer protecteurs d'une semblable inconduite; mais ils seront aussi punis, et ils le seront plus sévèrement que le simple soldat. Je rends responsables les commandans de compagnies, les chefs des corps, les généraux de brigades et de divisions, de tous les excès qui se commettront, dans les cas où ils n'y auront pas mis un terme ou empêchement; à cet effet, tous les chefs de brigades feront, sans exception, une visite dans leurs cantons, y rechercheront les coupables, et les enverront au quartier-général, pour qu'il en soit fait justice. Tous les deux jours, les généraux de brigades rendront compte à leurs généraux de divisions de la conduite de leurs demi-

brigades

brigades respectives, et lesdits généraux m'en feront rapport, sans aucun délai, et par écrit. La moindre négligence à cet égard sera punie avec sévérité et exemplairement».

Cette proclamation du général en chef, Schérer, fit cesser les désordres auxquels s'étaient livrés quelques soldats et officiers de l'armée d'Italie. L'expérience n'a que trop souvent prouvé qu'une armée sans discipline est un fléau redoutable pour tous les pays où une pareille armée passe et s'arrête.

Les Français qui, le 11 frimaire, se disposaient à attaquer le camp de Ceva, et, avec une autre colonne très-nombreuse, à devancer l'ennemi au-dessus de Mondovi, restèrent dans leur position entre Begnasco et Noceto. Un gros corps de troupes fut détaché de Ceva, et plusieurs régimens furent en marche, du Piémont, pour renforcer l'armée. Les troupes impériales devaient avancer un peu leur droite dans la direction de Montelezimo, pour rendre la position qu'elles occupaient alors à l'abri de toute attaque.

A la suite de la dernière attaque faite contre la position du général Colli, à Spinardo, ce dernier ayant été forcé de prendre la position de Ceva pour couvrir cette ville et Mondovi, le flanc droit du corps des troupes autrichiennes se trouva à découvert; et en conséquence, on jugea à propos de retirer le corps jusqu'à Spigno, et on laissa les troupes légères à la garde des postes avancés, afin de mieux établir la communication entre le camp retranché de Ceva et le corps du général Colli. Le général Wallis posta deux bataillons à Montelezimo et Mont-Barcaro. Les Français ne firent alors aucun mouvement, et l'on n'apperçut que des patrouilles qui s'avancèrent jusqu'à Montenotte et Cairo.

L'armée autrichienne, après avoir abandonné la rivière de Gênes, s'établit dans les environs d'Acqui, et le quartier-général se trouva dans cette dernière ville.

Les succès rapides des armées françaises dans ces contrées engagèrent la Cour de Sardaigne à rassurer, par un message officieux, les habitans alarmés du Piémont. Les Français, après avoir menacé

Ceva et Mondovi, se retirèrent vers Garesio et Ormea, d'où l'on infera à la Cour qu'il n'y avait plus de craintes à avoir sur une attaque de ce côté. Le calme commençait à renaître dans la Sardaigne depuis quelque tèms; la tranquillité paraissait se rétablir dans cette isle, ce qui diminuait à ce sujet les inquiétudes de la Cour.

Les Français mirent de l'ordre dans les prises immenses qu'ils avaient faites sur les Autrichiens. Ces prises consistaient surtout en chevaux, en vêtemens et en fusils. Ils s'emparèrent aussi, à Savonne et à Vado, de dix huit bâtimens armés, tant sardes qu'autrichiens. L'armée française se fortifia dans la rivière, et elle se disposa à y prendre des quartiers d'hiver. Ces arrangemens furent le résultat de la conférence tenue à Savonne entre les généraux français, et le quartier-général resta dans cette ville. Par les prises de Vado et de Savonne, les communications se trouvèrent rétablies entre les ports de Gênes, Marseille et toute la côte de France de ce côté.

La cour de Vienne donna l'ordre de faire partir sur-le-champ dix mille hommes de troupes pour renforcer l'armée de la Lombardie, et deux autres mille hommes étaient en marche pour la même destination. La victoire de Loano fut avantageuse pour les armées du côté du Rhin.

L'empereur était mécontent de la manière dont les troupes sardes s'étaient conduites vis-à-vis des Français dans les différentes affaires qui avaient eu lieu dans la rivière de Gênes. Il prit la résolution d'envoyer un nouveau corps de vingt-cinq mille Autrichiens en Italie, avec un général qui devait convertir, en une guerre vivement offensive, la faible défensive sur laquelle l'armée autrichienne et piémontaise s'était tenue pendant toute la campagne. Par ce moyen, les triomphes des Français, dans l'Italie, tendirent à opérer une diversion avantageuse des forces autrichiennes qui auraient pu être employées sur le Rhin.

Les Piémontais étaient dégoûtés de la guerre, et il régnait entr'eux et les Autrichiens une mésintelligence ouverte, attendu qu'ils attribuaient aux généraux allemands les derniers revers qu'ils avaient éprouvés. Au reste la terreur était si générale qu'une partie de la noblesse piémontaise prit dès-lors la route de Vienne.

Presque tous les Etats d'Italie partagaient cette terreur et craignaient les suites d'une invasion inévitable. Ce fut au point que le pape fit solliciter la Cour de Turin de n'accorder aucun traité de paix particulier que l'Italie ne fût à l'abri de toute invasion ; et que les émigrés savoisiens, ainsi que ceux de France, qui étaient dans la Lombardie, se hâtèrent de s'enfoncer dans le midi de l'Italie jusqu'à Naples et même en Sicile.

En attendant l'arrivée du comte de Beaulieu à Milan, avec les renforts qu'on annonçait de Vienne, la Cour impériale nomma conservateurs des débris de l'armée trois généraux autrichiens. Ces projets, ces embarras, ces divisions prouvaient suffisamment combien les Cours alliées avaient de vives inquiétudes sur la situation de l'Italie.

Depuis la victoire de Vado, toute l'Italie inférieure était dans les alarmes, et on craignait que le général Schérer ne donnât pas le tems aux Autrichiens de voir arriver les renforts qui devaient mettre le Milanais à l'abri d'une invasion de la part des Français. La Cour de Turin partageait les mêmes inquiétudes que le reste de l'Italie. Pour faire renaître le courage éteint de son armée, le roi de Sardaigne écrivit la lettre suivante à ses camps :

A mes braves et fidelles troupes commandées par le général Colli.

« La valeureuse conduite de nos troupes, dans la journée du 25 novembre dernier, a excité toute mon admiration et toute ma reconnaissance. Je n'ai pas été moins touché de la constance héroïque avec laquelle elles ont supporté les fatigues, les intempéries de la saison et les privations au milieu des dangers. Dans les malheurs qui ont obligé les troupes autrichiennes à quitter leurs positions, la fermeté de mes troupes aurait conservé les leurs. J'espère donc que, comme elles n'ont pas été vaincues par les efforts de nos ennemis à Saint-

Bernard, à Pietra d'Aqua, à Intrapa au Rouchigni et ailleurs, elles opposeront la même valeur aux attaques que l'ennemi pourrait encore projeter. J'exhorte mes bonnes et fidelles troupes à considérer combien il importe de repousser l'ennemi dans cette occasion. Le salut et l'honneur de la patrie sont intimement liés. La saison avancée promet un repos certain, si les premiers efforts de l'ennemi sont repoussés. En attendant que les troupes autrichiennes remplacent les objets dont la perte gêne leurs mouvemens, la supériorité de nos forces réunies nous donne l'espoir de vaincre ici comme ailleurs. Les désastres passés seront réparés par des succès. De plus grands revers assaillirent autrefois nos pères ; leur constance en triompha : imitons leurs exemples, et nous parviendrons à une paix sûre et honorable. Cette paix fait l'objet ardent de mes vœux qui ne tendent qu'à la tranquillité et au bonheur de mon peuple chéri. Les officiers donneront sans doute aux soldats l'exemple de la patience autant que de la valeur ; qu'ils soient assurés que mes bienfaits seront répandus sur ceux qui auront le bonheur de se distinguer ».

Cette lettre du roi de Sardaigne ne servit qu'à faire connaître aux troupes la crainte où était la Cour, et le besoin qu'elle avait de leurs efforts pour empêcher la ruine du trône. Les rois qui se croient d'une autre nature que les autres hommes, qui ne sont cependant redevables de leur couronne qu'aux hasards de la naissance et à l'ignorance des nations, ne reconnaissent l'illusion de leur grandeur et de leur autorité que lorsque des revers lèvent le voile qui cache leur faiblesse, pour leur faire voir à découvert le néant du trône contre la force majestueuse de cette masse d'êtres qui les fait respecter, et qu'ils déshonorent du nom avilissant de sujets.

Si, dans une guerre, les actions générales intéressent et piquent la curiosité, il en est de particulières qui enlèvent l'admiration. Ne pas les laisser dans l'oubli, c'est payer le tribut d'éloges qui leur est dû, et laisser à la postérité des exemples à suivre. Les actions d'éclat et de bravoure qui eurent lieu dans la glorieuse journée du 2 frimaire, sont de ce nombre. L'adjudant-major du quatrième bataillon de l'Ardèche, nommé Jérôme, ayant reçu ordre de son chef de bataillon de se rendre, avec vingt-cinq hommes, dans la vallée de Toirano, près de la chartreuse, pour protéger la gauche de la colonne qui y défilait, exécuta cet ordre avec intelligence et soutint une fusillade très-vive. Blessé à la tête, il rejoignit son chef, refusa d'aller se faire panser, marcha avec le bataillon et gravit un des premiers au-dessus des camps ennemis. Arrivé sur une hauteur présentant un assez vaste plateau, il apperçut un peloton de cent cinquante Autrichiens qui déshabillaient quatre Français prisonniers. Protégé par un bataillon non éloigné, il se précipita sur eux à la tête de quinze hommes, et ayant dégagé les quatre volontaires, il fit prisonniers les cent cinquante Autrichiens. Ce fait attesté par l'armée trouvera peut-être des incrédules. Toujours actif, il parcourut les crêtes les plus élevées pour s'assurer des positions; et, après avoir déployé beaucoup d'intelligence et de bravoure dans le feu, il fut atteint d'une balle au bras gauche qui le força à abandonner le combat à six heures du soir. Un moment avant de recevoir sa blessure, il s'élança sur l'ennemi; ayant cassé son sabre, il s'arma de pierres qu'il jeta avec force et en renversa beaucoup d'ennemis. Plusieurs officiers, sous-officiers et volontaires arrivés au même instant, se servirent des mêmes armes faute de munitions, et forcèrent l'ennemi à la retraite.

Un autre trait de courage non moins admirable. Un sergent-major, du même bataillon, nommé Tendis, ayant apperçu sur les hauteurs de Toirano, un peloton d'Autrichiens qui protégeaient la garde d'un drapeau, ne consulta que son zèle et se précipita avec un second, au milieu du peloton, ayant tué celui qui cherchait à le défendre, il s'empara du drapeau autrichien, fit prisonniers un capitaine et le porte-enseigne, et revint modestement reprendre sa place dans les rangs. Deux autres drapeaux furent enlevés à l'ennemi par deux volontaires du même bataillon

Dans cette journée, le désintéressement fut joint à la valeur. Parmi plusieurs traits qui ne diffèrent entr'eux que par les nuances des circonstances, le trait suivant est la preuve d'un désintéressement rare. Un éclaireur de la cinquante-sixième demi-brigade, ayant fait prisonnier le major du régiment d'Acqui, fut assailli par un officier du même régiment qui se porta sur lui avec son sabre ; l'ayant abattu d'un coup de bayonnette, il amena son prisonnier, sans toucher à ses bijoux et à une bourse de quarante pièces d'or qui lui fut offerte ; et, après avoir remis son prisonnier, il retourna aussitôt au combat.

Un sergent-major du deuxième bataillon de la seizième demi-brigade d'infanterie, nommé Siméon, se conduisit dans cette journée avec un courage héroïque. Sa demi-brigade ayant reçu l'ordre d'emporter le fameux poste de la montagne du Banco, fut repoussée. Le sergent-major Siméon resta ferme ; à l'approche de l'ennemi, il contrefit le blessé. Harcelé par deux grenadiers hongrois, il tua l'un d'un coup de fusil, et plongea sa bayonnette dans le sein de l'autre, en criant toujours à la victoire. Les troupes revinrent à la charge, et le poste fut enlevé. Ce militaire, sans attendre la colonne, ne consultant que son courage, s'élança sur deux pièces de canon, se saisit d'un sous-officier de canonniers qui avait la main sur la pièce, et le fit prisonnier. Ce même sergent-major s'était conduit avec autant de courage, lors de l'attaque du rocher dit le petit Gibraltar, où, seul, il fit en deux fois quinze prisonniers.

Le 7 du même mois de frimaire, après que le général Serrurier se fut emparé de Garesio, il sentit qu'il était pressant de se porter en avant le long de la rive gauche du Tanaro. Le pain était dû à la troupe; en l'attendant, on ne pouvait que partir très-tard, ou point du tout. Le général Serrurier prit le parti de faire battre à l'ordre à la tête de la division. Ayant fait connaître en peu de mots son embarras, tous d'une voix unanime s'écrièrent: partons sur-le-champ. Pas un ne voulut attendre le pain qui lui était dû, malgré une nuit au bivouac, dont une partie avait été employée à l'attaque de Trappa et ses hauteurs, ainsi qu'à l'enlèvement de Garesio. Sur-le-champ le général Serrurier mit la division en mouvement; et, malgré une batterie de canons qui enfilait le chemin de Garesio à Murseco, elle alla, sans s'arrêter, bivouaquer sur les hauteurs de Pietra, après avoir enlevé les magasins des ennemis de Murseco et de Priola, et avoir fait distribuer à ses troupes le pain destiné aux ennemis. Telle est la moindre partie des actions particulières qui signalèrent, dans les journées de frimaire, le courage et l'intrépidité des Français.

Les revers de l'empereur, les succès brillans des armées françaises en Italie et sur les bords du Rhin, ne faisaient plus en France, sur l'esprit public, l'impression qu'on devait naturellement attendre d'évènemens aussi extraordinaires et aussi remarquables. On était tellement accoutumé à ces succès d'une part, et de l'autre aux défaites, que les plus grands désastres des uns, comme les plus grands exploits des autres, n'avaient presque plus rien qui frappât, tant les esprits étaient travaillés, dans l'intérieur de la France, par ceux qui auraient voulu un autre ordre de chose. Les revers de la coalition et les triomphes glorieux de la république française, semblaient être devenus, pour un grand nombre de Français, leur état naturel.

Le régiment allemand de Smids devait passer par terre à Alexandrie ; cependant les troupes autrichiennes commençaient à prendre leurs quartiers d'hiver. Le baron de Beaulieu fut destiné au commandement général des troupes autrichiennes en Italie.

L'armée piémontaise resta sous la tente jusqu'au premier nivôse, et elle devait le 2 se mettre en cantonnement. La disposition s'en fit de manière qu'au premier mouvement les troupes pussent être sous les armes.

Les Français de leur côté paraissaient prendre leurs quartiers d'hiver. Ils n'avaient pas plus de vingt-cinq mille hommes dans la rivière de Gênes, où les maladies commencèrent à se manifester. Quoiqu'ils eussent été obligés, attendu la rigueur de la saison et la quantité des neiges, de concentrer dans la rivière de Gênes une partie de leur armée qui menaçait les postes avancés de Ceva et de Mondovi, ils entretinrent cependant divers postes qu'ils regardaient comme importans. Parmi ces postes, il y eut celui de la côte de Priola, où ils laissèrent quinze cents hommes qui s'y retranchèrent fortement.

Cette position troublant les avant-postes piémontais, le lieutenant colonel de Saint-Rose, qui commandait un corps de troupes posté à la Viola, forma le dessein de débusquer les Français de la côte de Priola, et le soir du dix nivôse an 4, il détacha trois corps de volontaires tirés de différens régimens. Les commandans de ces trois colonnes exécutèrent les ordres qu'ils avaient reçus, et les Français attaqués en même tems de front et en flanc, à l'arme blanche, opposèrent en vain la résistance la plus opiniâtre. Ils furent contraints d'abandonner leurs postes, laissant plusieurs morts et plusieurs prisonniers, parmi lesquels se trouvèrent deux capitaines et deux autres officiers.

La marche d'une grande partie de troupes françaises, qui quittèrent la rivière pour se porter sur la montagne, donna à penser que l'hiver ne serait pas aussi paisible qu'on l'avait cru d'abord.

La Cour de Turin, malgré le desir et le besoin de la paix qu'elle éprouvait, envoya un renfort de six mille hommes au général Colli. Elle supprima la retenue d'un quart qui avait été ordonnée sur tous les gages, appointemens, pensions, ainsi que sur les rentes viagères. Il y avait de fréquens conseils secrets tenus à la Cour, et leur objet principal était relatif à des projets de pacification. Dans l'isle de Sardaigne, la fermentation avait recommencé à Cagliari, et elle s'accroissait de jour en jour, ce fut au point que plusieurs personnes des plus qualifiées furent immolées, et que le vice-roi fut réduit, pour sa sûreté, à se tenir renfermé dans son palais.

Le feld maréchal Beaulieu, destiné à commander en chef l'armée des alliés en Italie,

Italie, arriva à Milan. Aussitôt après son arrivée, il fut question de la tenue d'un nouveau conseil de guerre dans cette ville, auquel devaient assister deux généraux autrichiens attendus de Vienne. La première opération de ce conseil fut de s'occuper de l'examen des évènemens de la dernière campagne, et ensuite on devait procéder au plan des opérations ultérieures. Il arrivait journellement des troupes de l'Allemagne. Un bataillon du régiment de Prins qui venait d'arriver, apprit qu'il était suivi de deux divisions de hussards.

Un ordre de l'empereur soumit à Milan et dans tous les Etats de l'Italie appartenans à l'Autriche, à une retenue proportionnelle les appointemens de tous les employés, ainsi que des pensionnaires. Cette mesure contrastait un peu avec ce qu'on disait de la bonne situation des finances de la Cour de Vienne. Il passa par Milan un courier extraordinaire allant de Turin à Vienne. On annonça aussitôt, mais sans fondement, qu'il était porteur de dépêches relatives à un projet d'armistice entre les armées belligérantes en Italie.

La rigueur de la saison nécessita une suspension d'armes entre les Français et les alliés; mais il n'y eut à cet égard aucune convention. La ville de Pavie fut destinée pour être le lieu du rassemblement des troupes qui devaient venir du Rhin renforcer l'armée autrichienne. Les Autrichiens, du côté des Alpes, s'étendaient sur les montagnes depuis le col de Suze jusqu'à Aoste. Les Piémontais occupaient l'espace qui se trouve entre Lacconi et Yrcée. L'armée française tenait Saluces, Oneille, Savonne, le territoire de Gênes, les environs d'Alexandrie et tout le Mont-Ferrat.

On parlait beaucoup de paix à Turin. La Cour la desirait à proportion du besoin qu'elle en avait. Le ministre de la guerre, qui d'ailleurs n'aimait pas les Autrichiens, était plus que qui que ce soit disposé à faire cesser les maux de ce fléau destructeur. L'état des finances du Piémont faisait juger à quel point la paix lui était nécessaire.

La Cour de Sardaigne qui, à l'époque où ses revenus étaient encore grossis de ceux de la Savoie et du riche pays de Nice, ne pouvait pas compter sur vingt-quatre millions par an, avait contracté, depuis le premier janvier 1793, une dette de cent-trente millions, dette énorme pour un état d'une étendue si resserrée. Le Gouvernement, rendant édit sur édit, accablait les provinces de taxes ordinaires et extraordinaires.

Les Etats d'Italie avaient des raisons d'autant plus fortes de desirer la paix que les Français étaient dans une position formidable dans le Piémont et les menaçaient d'une invasion prochaine et facile. Il ne restait à ces Etats qu'à chercher dans la paix les moyens de se retirer du précipice sur le bord duquel ils étaient. Les Français ne cessaient de recevoir des renforts d'hommes, d'artillerie et de munitions de guerre. La Cour de Naples ne fut pas la dernière à partager ces alarmes, et elle se disposa à préparer un changement dans son systême politique. L'état des relations de l'Espagne et de l'Angleterre la portait à ce changement.

Le nom Français avait répandu dans toute l'Italie une terreur telle que l'arrivée à Massa - Carrara de deux corsaires français pour y faire de l'eau, fut prise par les habitans pour un débarquement, qui fit prendre la fuite à la plupart.

Le roi de Sardaigne tint un grand conseil auquel assistèrent tous les ministres d'état, plusieurs chefs de magistrature et quelques généraux. Dans ce conseil il fut question d'entamer des négociations de paix avec la France. Aussitôt après l'issue de ce conseil, il fut expédié un courier à Vienne.

La situation de l'isle de Sardaigne se présentait sous un aspect affligeant pour la Cour. La ville de Sassari fut le théâtre de nouveaux troubles. Le peuple se déclara indépendant du Gouvernement piémontais. Les insurgés, en très-grand nombre, se portèrent sur Tiasi, bourg appartenant au duc d'Asinara. Après l'avoir ravagé, ils pillèrent Moros et les plus riches maisons de Sassari, mais sur - tout celle du duc d'Asinara. Ils signifièrent à ce duc qu'il eût à comparaître devant le tribunal de Cagliari, pour y rendre compte des mauvais traitemens qu'il était accusé d'avoir fait éprouver à ses vassaux. Les insurgés étant revenus à la charge quelques jours après, un autre parti prit les armes contre eux, et repoussa la force par la force. La guerre civile parut alors comme inévitable dans ce pays.

La Cour de Turin distribua aux officiers de ses armées des faveurs, des décorations pour rallumer leur courage abattu. Il permit l'ouverture des théâtres fermés depuis long-tems. L'armée autrichienne et piémontaise parut songer moins sérieusement aux préparatifs de la campagne qui était sur le point de s'ouvrir, soit qu'elle manquât des moyens d'y pourvoir, soit qu'elle comptât davantage sur le succès des négociations.

Le ministre de la république française demanda au Gouvernement génois, au nom du directoire exécutif, la permission de placer garnison française dans la ville de Savonne, pour mettre cette place à l'abri de toute entreprise de la part des Autrichiens; le Gouvernement tint à ce sujet de longues conférences. L'armée française était dans une situation véritablement formidable et menaçait déjà le Piémont et l'Italie du sort que cette contrée devait éprouver. Une grande quantité d'artillerie fut apportée par cinq bâtimens à Port-Maurice et à Vado.

Deux frégates françaises s'étaient emparées de la frégate anglaise la *Justice*, dans les parages de Tunis; quant à l'expédition dans l'Archipel, elle servit plutôt à déployer les talens du citoyen Gentheaume, officier de la marine marchande, et à faire reparaître avec honneur le pavillon français dans ces mers, qu'à enrichir la république par des prises et des succès positifs. Contrarié par les vents, poursuivi par huit vaisseaux anglais et deux frégates, auxquels il échappa trois fois par des manœuvres aussi savantes que hardies, le citoyen Gentheaume rentra à Toulon, le 20 pluviôse an 4, avec le *Républicain*, la *Junon*, l'*Arthémise* et le brick le *Hasard*, après avoir laissé dans le canal de Constantinople la *Justice* démâtée par le gros tems. Son escadre ne souffrit que cette seule avarie.

Malgré la croisière des forces anglaises

bien supérieures aux siennes, il débloqua l'escadre retenue dans le port de Smyrne, et par son approche, il obligea les Anglais à se retirer avec précipitation : ils ne prirent pas même le tems d'avertir leur *Conserve* qui vint tomber dans l'escadre française et dont la *Sardine* et la *Sensible* s'emparèrent. La manière dont le pavillon français se montra dans ces mers, ajouta d'une manière sensible à l'opinion que les Turcs avaient de la force de leurs nouveaux alliés.

Tandis que le cabinet de Madrid, éclairé sur ses véritables intérêts et sur le danger dont le despotisme britannique menaçait depuis long-tems l'Europe, montrait des dispositions énergiques à secouer le joug, la Cour de Naples, livrée à l'influence anglaise, à celle de l'Autriche et du ministre Acton, parut se trouver en dissentiment avec le reste de l'Italie sur l'article de la paix si généralement desirée. Jusqu'à ce moment elle n'avait donné aucune marque d'intérêt prononcé pour cet heureux instant ; au lieu que la Cour de Turin, justement effrayée, éprouvait des alarmes d'autant plus fondées, que les Français menaçaient à-la-fois toutes les forteresses du Piémont et de la Lombardie, et méditaient une invasion terrible dans les plus belles provinces d'Italie.

Il était évident que la Cour piémontaise devait saisir avec empressement l'occasion de faire sa paix particulière avec la France, et revenir à l'ancien systême de la maison de Savoie. De pressans motifs devaient la déterminer à cette conduite : d'abord l'attitude formidable des Français en Italie, et ensuite le mauvais état de ses finances. N'ayant que peu de moyens à opposer au premier danger, le roi de Sardaigne, dans sa politique, devait s'occuper de la manière de se soustraire à l'influence du cabinet de Vienne, et pourvoir au délâbrement de ses finances. Pour remplir le second objet, il fit vendre les biens pieux et laïcs, et le produit de ces ventes fut destiné à relever le crédit sur le trésor; on différa encore trop long-tems à remplir le premier objet.

Le roi de Sardaigne demanda au Gouvernement britannique de porter le subside de guerre à quatre cents mille livres sterlings, au lieu de deux cents mille. Cette demande fut mal accueillie à Londres. Aussi il ne parut pas surprenant que la Cour de Turin fit, dès cet instant, des efforts pour obtenir la paix. Il partit de Turin plusieurs couriers pour Bâle et pour Vienne; les uns étaient porteurs de propositions de paix, et les autres d'excuses à l'empereur sur la nécessité de faire une paix séparée. Quoi qu'il en fût, tous les officiers piémontais eurent ordre de rejoindre sur-le-champ leurs corps, parce que les mouvemens des Français annonçaient qu'ils avaient le projet de pénétrer dans le Piémont par le poste important de la Bochetta.

La reine de Naples, tante de l'empereur, jouissant de l'influence la plus étendue qu'elle partageait avec l'ex-ministre Acton, l'un et l'autre paraissaient ennemis déclarés de la France; ce qui indiquait assez que la guerre se continuerait malgré les efforts du Gouvernement espagnol et l'offre de la médiation des Cours de Prusse, de Suède, et de Dannemarck pour une pacification générale. La reine détermina l'envoi d'environ vingt mille hommes de troupes napolitaines à l'armée autrichienne en Lombardie. Une partie de ces troupes se rendit, par terre, à sa destination, en traversant les terres du pape; et l'autre devait être embarquée pour Livourne, sous l'escorte de deux vaisseaux de ligne et de trois frégates.

Les Francais voyaient augmenter leurs forces de plus en plus. Il passait sans cesse à Vintduille des bataillons complets et des compagnies de canonniers qui se rendaient à Finale. La situation de l'armée devenait tous les jours plus formidable. Il arriva à Oneille pour les Français un convoi chargé de vivres et de toutes sortes de munitions de guerre. Il arriva aussi dans le Milanais des recrues pour l'armée autrichienne.

Cette armée qui devait agir en Italie sous les ordres du général Beaulieu, était forte de cinquante mille hommes. L'armée piémontaise devait former, avec le corps auxiliaire que l'empereur devait fournir, quarante mille hommes au moins, non compris les troupes napolitaines qui étaient sur le point d'arriver pour se joindre à ces forces.

L'armée française était à-peu-près égale en nombre à celles des ennemis, et elle devait encore être augmentée par des troupes qui lui étaient envoyées de l'intérieur de la France. On y fit toutes les réformes que l'expérience fit juger nécessaires pour accélérer et assurer les succès et y établir en même tems plus d'ordre et d'économie.

Buonaparte nommé général en chef de l'armée d'Italie, arriva à Nice, le 6 germinal an 4, pour se mettre à la tête de cette armée, qui avait donné des preuves à Loano de ce qu'elle avait pu faire sous le commandement du général Schérer, qui avait ouvert, par cette victoire mémorable, l'entrée du Piémont et de toute l'Italie. Toutes les dispositions se firent pour commencer promptement la campagne. Le 12 du même mois de germinal, tous les généraux, l'état-major, les agens attachés à l'armée, le quartier-général enfin partit pour se rendre à Albinga, dans la rivière de Gênes. Les communications devinrent beaucoup plus faciles entre toutes les parties de l'armée d'Italie ; il y eut plus d'ensemble dans les plans, et les opérations combinées devaient conséquemment, comme elles le firent, produire dans l'expédition un succès plus rapide.

La gloire dont les victoires de Buonaparte couvrirent le nom Français, excita l'admiration et l'étonnement de l'Europe. Les puissances coalisées épuisèrent tous leurs moyens pour se soutenir dans cette lutte humiliante pour elles; mais tous leurs efforts vinrent se briser contre la prévoyance et l'intrépidité d'un jeune héros qui, dans toutes les entreprises qu'il fit, montra la prudence d'un général consommé dans l'art militaire. Buonaparte parut avoir réuni en sa personne les qualités des capitaines les plus célèbres de l'antiquité. Comme Alexandre-le-Grand, téméraire et audacieux dans ses exploits militaires, comme lui avec de faibles moyens, il tenta la fortune; docile à sa voix, la fortune ne le trahit jamais; prudent comme Scipion l'Africain, comme lui il sut tirer avantage de ce que l'ennemi qu'il avait à combattre fit ou omit de faire; rusé et politique comme Annibal, il fut impénétrable comme ce Carthaginois, et sut comme lui, par une présence d'esprit qui ne se laisse jamais étourdir par les circonstances, si dangereuses qu'elles soient, se tirer des mauvais pas où il se trouva à Lonado, à Arcole, etc. Si Annibal eut à se défendre contre les ennemis jaloux de ses succès, que la gloire qu'il s'était acquise lui avait suscités dans le sénat de de Carthage; Buonaparte eut à se soutenir contre la haine d'un homme puissant qui, élevé à l'une des premières dignités, portait au fond de son cœur le desir de la destruction de la république française, que sa place et son serment lui faisaient un devoir de défendre même au péril de sa vie. Buonaparte eût été sacrifié sans son dévouement à la bataille d'Arcole ; et l'on peut dire sans crainte, que le jour de la retraite de ce général du commandement de l'armée d'Italie, si elle eût eu lieu, eût été un jour de malheurs pour la France.

CHAPITRE IX.

L'archiduc de Milan demande des forces respectables à l'empereur. Le Gouvernement napolitain épuise sa marine pour le service des Anglais. Alarmes répandues dans les parages de la Sicile et de la Calabre par une escadre de vaisseaux algériens. Effets que produisent à Naples les succès et les préparatifs des Français. Armistice demandé par la Cour de Naples. Mesures employées par la Cour pour mettre fin aux troubles de l'isle de Sardaigne. Réflexions politiques sur la conduite des différentes puissances coalisées.

LES succès des Français inquiétèrent vivement l'archiduc de Milan. Il envoya une personne de confiance à l'empereur, pour lui représenter le danger imminent où se trouvait la Lombardie, et la nécessité d'en prévenir la conquête par un envoi de forces respectables, ou de faire la paix. Ces inquiétudes furent aussi dans la suite éprouvées à la Cour de Naples, qui envoya le prince napolitain Belmont à Gênes. Ce prince chargé secrètement de négocier pour sa Cour une paix particulière avec la république française, eut une entrevue avec le ministre français près le Gouvernement génois. Le duc de Parme s'empressa de demander une suspension d'armes, qui fut accordée après que les conditions en eussent été préalablement réglées; il en fut de même pour le duc de Modêne.

Le Gouvernement napolitain, sur la demande de l'amiral anglais Jervis, fit partir une division de barques canonnières, de bombardes et de grosses lances armées, destinées pour les côtes de Gênes, où, faute de fond, les vaisseaux anglais ne pouvaient aborder. Une seconde division en armement devait porter à quarante le nombre de ces bâtimens. Le Gouvernement napolitain épuisait sa marine pour le service de l'Angleterre, pendant qu'une escadre

escadre de vaisseaux algériens infestait les côtes de la Sicile et de la Calabre, et répandait l'alarme dans ces parages. Pour aller à la rencontre, on ordonna le départ du vaisseau le *Samnite*, de soixante-quatorze canons, et de quatre Chebecs; mais, avant que ces vaisseaux fussent prêts à appareiller, les Algériens furent dans le cas de porter un grand préjudice au commerce napolitain qui devait être protégé par le Gouvernement, mais qu'il sacrifiait à sa vengeance contre la France.

Les formidables préparatifs des Français firent à Naples, dans le public, une impression d'autant plus triste, qu'on n'était pas préparé à cette nouvelle. Quelques personnes s'attendaient bien à ces évènemens; mais le grand nombre, très-peu au fait de la politique étrangère, avait imaginé des résultats fort différens. Ce que les Français avaient déjà fait dans la campagne était connu. On savait que le nord de l'Italie, depuis les Alpes jusqu'au Pô, était en leur pouvoir; on savait aussi que Gênes, par ses richesses et ses vastes ressources, était une autre Amsterdam de la France ; enfin on n'ignorait pas à Naples que Milan et la partie du Piémont occupée par les Français, qui, avec le magnifique territoire qui en dépendait, formait une contrée si puissante par sa position, sa population et son revenu, assuraient alors aux Français l'entrée et la domination de tout le reste de l'Italie, depuis Plaisance jusqu'à l'extrémité du royaume de Naples ; et de la Méditerranée jusqu'à la mer Adriatique, si les puissances encore maîtresses de ces contrées, ne se pressaient de faire leur paix.

La Cour de Naples, persuadée à la fin qu'il était de son intérêt de suivre l'exemple du roi de Sardaigne, des ducs de Parme et de Modène, demanda un armistice ; lorsque la conclusion en fut arrêtée, le prince Pignatelli, député par sa Cour, arriva, le 8 messidor an 4, à Pistoja, quartier-général de l'armée française. Il avait l'ordre de sa Cour d'enjoindre au commandant de la cavalerie napolitaine, de se séparer de l'armée autrichienne et de partir de suite, en qualité de plénipotentiaire, pour traiter définitivement de la paix avec la république française.

Après avoir fait sa paix avec la France, le roi de Sardaigne ne négligea rien pour mettre fin aux troubles qui agitaient depuis long-tems l'isle de Sardaigne. Il parut une déclaration du roi, adressée à tous les habitans de cette isle, par laquelle il leur promit, en son nom et au nom de ses successeurs, l'oubli le plus complet de tout ce qui s'était passé, et la jouissance de plusieurs de leurs anciens usages et privilèges. La tenue périodique des assemblées générales, tous les dix ans, fut rétablie. Dès le moment, il dut s'en ouvrir une dont le roi se réserva de nommer le président, qui fut le vice-roi. Les bénéfices, les emplois devaient être le partage exclusif des regnicoles, à l'exception de la place de vice-roi, à laquelle sa majesté se réserva le droit de nommer qui bon lui semblerait.

Les puissances d'Italie, Naples, Rome, la Sardaigne et les autres puissances plus faibles encore, auraient dû ne jamais sortir de la ligne de la plus exacte neutralité;

mais, au lieu de s'en tenir à ce systême que la sûreté de leurs États, la prudence et leurs intérêts réciproques leur commandaient impérativement, ces puissances montrèrent la soumission la plus aveugle aux volontés du Gouvernement anglais, qui s'imaginait faire le partage de la France aussi facilement que l'empereur d'Allemagne, l'impératrice de Russie et le roi de Prusse avaient fait celui de la Pologne. Ce qu'il y eut d'extraordinaire, c'est qu'aucune de ces puissances ne remarqua que la Grande-Bretagne avait intérêt et qu'il était de sa politique, comme de l'avantage de son commerce, de ne favoriser la prospérité d'aucune nation du continent, et qu'elle devait être également jalouse de Gênes et de Venise, comme elle l'était de la France, de l'Espagne et de la Hollande. Aussi, si l'Angleterre ne triompha pas, il ne faut pas s'en prendre au manque d'habileté dans ses mesures et dans ses combinaisons. Jamais politique ne fut plus adroite ni plus profonde, et il semblait que la Grande-Bretagne sentait déjà qu'il fallait que la France redevînt monarchie, pour que l'Angleterre fût en sûreté, ou que l'Angleterre devînt république, pour que la France pût être sûre d'elle.

La coalition des puissances de l'Europe contre la France, fut impolitique et contraire à leurs intérêts, puisqu'elle tendit à affaiblir la seule puissance d'entr'elles qui pouvait balancer l'influence politique et commerciale de l'Angleterre, et délivrer un jour (ce jour n'est pas éloigné) l'Europe de l'assujétissement où l'Angleterre la tient. Il est étonnant que l'Angleterre ait réussi à intéresser à une cause qui n'était que la sienne, les puissances du continent, et que ces puissances ne se soient pas apperçues plus tôt du plan combiné du Gouvernement anglais, qui, comme puissance du second ordre, ne peut se soutenir et conserver la suprématie de son commerce sur les mers, que par la guerre qu'il sait entretenir sur le continent.

Il fut impolitique au Portugal, que l'on peut regarder à juste titre, depuis près d'un siècle, comme une province anglaise, d'entrer, contre la France, dans une guerre à laquelle ce pays ne pouvait que perdre, sans aucune possibilité quelconque de gagner. Ce fut le cabinet de Saint-James qui, par une convention signée à Londres, entraîna dans cette guerre, qui était sous tous les rapports préjudiciable au Portugal, cette puissance, à qui la neutralité eût été bien plus avantageuse; mais il semblait alors qu'un esprit de vertige contre la France, eût fait oublier tous les intérêts relatifs, pour s'attacher à des chimères, et ce fut à qui entrerait pour sa part dans la coalition.

Si l'Espagne eût cru alors la France assez puissante pour la protéger contre l'ennemi commun, le Gouvernement anglais, dans le cas qu'elle eût refusé de se joindre à lui, jamais l'Espagne ne se fût déclarée d'elle-même pour la guerre; il n'y eut que la crainte de la Cour de Londres qui l'engagea dans cette fausse démarche. Le but de la république française, dans la guerre qu'elle soutint contre l'Espagne, ne fut pas d'affaiblir ce royaume, de détruire sa marine, de le dépouiller de ses Indes, de le soumettre à son influence, comme l'aurait fait l'Angleterre; elle ne lui fit la guerre que parce qu'elle y fut contrainte par l'Espagne, et elle ne chercha qu'à l'arracher à l'Angleterre et à rétablir avec elle la paix et ses anciennes liaisons. L'Espagne, alliée de la France, peut être protégée d'une manière efficace contre l'Angleterre, au lieu que l'Espagne, liée avec l'Angleterre, ne peut être protégée efficacement contre la France, parce que les forces manquent à l'Angleterre, pour cet effet, sur le continent.

Le but de l'Angleterre, en faisant déclarer à la France la guerre par toutes les puissances de l'Europe, fut d'établir à la longue son monopole sur le commerce hollandais, et au lieu de rivaux, de n'avoir à Amsterdam que des facteurs; aussi les Hollandais furent ceux de tous les alliés d'Angleterre qui souffrirent le plus. La guerre, qui s'était offerte aux autres parties belligérantes avec ses chances différentes, fut constamment défavorable à la Hollande. Mais, depuis que les Hollandais sont attachés à la république française, qui, par ses victoires, a fait un rempart inexpugnable à leurs frontières, ils pourront désormais, sous les auspices des Français, sortir de cette incertitude inquiétante où ils se sont trouvés jusqu'ici entre deux puissans voisins. Au moyen d'un Gouvernement qui convient à une nation marchande, le commerce hollandais, délivré de ses entraves, prospérera bientôt beaucoup plus que ne pourrait le desirer l'Angleterre.

La Prusse fut celle de toutes les puissances encouragées par l'Angleterre à la guerre contre la France, qui se laissa le moins aveugler par elle, et la seule qui, ayant observé et approfondi la tournure des évènemens, ne fut pas long-tems sans se ménager un rapprochement avec la France. Mettant à profit la prudence du vieux Frédéric, qui régnait dans ses conseils, et constant à suivre l'intérêt de son pays, le roi de Prusse fut le premier qui fit sa paix avec elle.

Si les projets de l'Angleterre échouèrent contre la prévoyance du roi de Prusse, il n'en fut pas ainsi de l'Autriche, qui s'obstina à échanger contre les guinées de l'Angleterre le sang et la vie de ses troupes, la tranquillité, les richesses et le bonheur de ses sujets, ces généreux Germains, dont les pères firent autrefois la conquête de cette isle dont les habitans viennent à présent marchander en Allemagne la vie des hommes. « Nous avons depuis longtems, disent les Anglais, notre marché en Allemagne ». L'Autriche, après avoir combattu plusieurs années contre la France, s'être affaiblie et avoir sacrifié des milliers d'hommes, pour se procurer les livres sterlings de l'Angleterre, se vit enfin réduite à faire la paix, pour empêcher le renversement de son trône ébranlé.

Il en est des Etats comme de la vie humaine ; ils ont leurs époques d'accroissement, de virilité et de déclin. L'Angleterre, parvenue au comble de la grandeur en 1756, a déjà vu décliner sa puissance par la perte des Etats-Unis de l'Amérique ; elle déclinera encore, si elle ne renonce pas à son systême : l'aiguille qui marque l'heure de son humiliation et celle de sa ruine est proche du point. La Russie et la Prusse sont dans un état d'accroissement qui arrivera bientôt à son terme, si ces Gouvernemens ne dérivent pas peu-à-peu les chaînes qui pèsent sur les peuples qui sont sous leur domination, et n'ont pas la prudence d'alléger le joug. L'Empire ottoman, l'Empire germanique, et sous certains rapports, l'Autriche et l'Espagne, sont dans un état de déclin duquel ces puissances peuvent cependant sortir, si une sage politique éclaire leurs Gouvernemens. Les Etats qui se forment en Italie, en Hollande et en France, redeviennent des Etats nouveaux qui doivent avoir l'ardeur et la vigueur de la jeunesse, et qui, par cela même, doivent renverser toutes les puissances qui s'attaqueront à eux. La preuve en est dans l'expérience de tous les siècles. Ce furent ces causes qui firent que les Mèdes, commandés par Arbace, détrônèrent Sardanapale, en renversant l'empire des Assyriens, fondé par Ninus; que les Perses, ayant à leur tête Cyrus, détruisirent l'empire des Mèdes; qu'ensuite les Macédoniens, commandés par leur actif roi Alexandre-le Grand, renversèrent la monarchie des Perses, malgré la masse énorme de forces que leur opposa l'indolent roi Darius; que l'empire des Grecs fut envahi par l'ambitieuse Rome devenue république; et qu'enfin l'empire romain ne put résister du côté de l'Orient aux efforts des Turcs, et du côté de l'Occident à ceux des Francs, des Goths, des Visigoths, des Huns, des Vandales et des Lombards, qui, des débris de cet immense Empire, formèrent les Etats qui existent encore pour la plupart.

Fin du tome troisième.

ÉPOQUES
PRINCIPALES
DES DÉCRETS ET DES FAITS
LES PLUS FRAPPANS.

LE deuxième jour complémentaire an 3, décret portant que le conseil des anciens tiendra ses séances aux Tuileries; son local comprendra les bâtimens, cour, jardin, et généralement tout le terrein soumis à la police immédiate de la convention.

Le conseil des cinq cents sera placé au palais Bourbon, et le directoire exécutif au palais du Luxembourg.

Le 6 vendémiaire an 4, on demande

à la convention le rapport du décret qui oblige les représentans à donner l'état de leur fortune. La convention maintint le décret. Elle rendit une loi nouvelle sur la police des cultes soumis à la surveillance des autorités constituées.

Le 7, décret portant que les grains et farines pourront, par continuation, être vendus ailleurs que dans les foires et marchés publics.

Le même jour, discussion sur la réunion de la Belgique et du pays de Liége à la république française.

Le 10, décret portant organisation de la force départementale.

Le 12 vendémiaire an 4, une explosion terrible éclata dans un des magasins d'artifice de Maubeuge. L'incendie fut arrêté par le courage et le dévouement des citoyens.

Le 22, décret portant que les hôtels des monnaies de la république, pour la fabrication des espèces d'or et d'argent, sont au nombre de huit.

Paris, Perpignan, Bayonne, Bordeaux, Nantes, Lille, Strasbourg et Lyon.

Le 28, conformément aux ordres de la convention, le conseil militaire, chargé de juger Comartin et les autres chefs des chouans, fut installé à Paris, rue de Provence.

Il se trouva, à l'état-major de l'armée de l'intérieur, une quantité de pièces relatives à ces détenus, parmi lesquelles on remarqua beaucoup de brevets des princes, et des lettres du lord Moyra. Elles furent remises au président de cette nouvelle commission.

Le même jour, décret portant que la place de bibliothécaire de la bibliothèque nationale est supprimée ; que ledit établissement sera désormais administré par un conservatoire composé de huit membres, savoir : deux conservateurs pour les livres imprimés, trois pour les livres manuscrits, deux pour les antiques, les médailles et les pierrres gravées, et un pour les estampes.

Le même jour, on donna lecture, à la convention, d'une correspondance de lettres timbrées à Huningue, et venant de Bâle, dans lesquelles Monsieur était désigné par 49, le comte d'Artois par 29, le prince de Condé par 77, etc., trouvées chez un nommé Lemaître, ancien secrétaire du roi, et regardé comme agent de ces princes à Paris.

Le 28, décret contenant règlement pour les opérations de la Bourse.

Le même jour, décret portant que le costume des fonctionnaires publics sera un habit français, différencié pour les divers fonctionnaires.

Le 30, décret qui arrête les dispositions préliminaires du code des délits et des peines.

Le même jour, rapport sur la retraite de l'armée de Sambre et Meuse.

Le 16 brumaire, échange à Bâle du traité de paix entre le landgrave de Hesse-Cassel et la république française.

Le 21, le directoire apprit aux deux conseils que la division de l'escadre de la Méditerranée, détachée dans l'Océan, et commandée par le capitaine Richery, avait arrêté à bord du *Jupiter*, dans la rade de Cadix, de faire don à la république du vaisseau le *Censeur*, pris sur les anglais par la division, et qui avait appartenu à la France.

Le 25, décret portant que le directoire nommera

nommera provisoirement les juges et les administrations qui n'avaient pas été nommés par les assemblées électorales.

Le 3 frimaire, décret portant que la trésorerie est autorisée à faire des négociations en numéraire.

Le 19, décret portant un emprunt forcé de 600 millions.

Le 20, décret qui autorise le directoire à nommer aux places vacantes des juges.

Le 25 nivôse, résolution qui autorise le directoire à vendre l'arsenal de Paris.

Le 10 pluviôse, formation d'une commission pour présenter le mode d'exécution du décret qui décerne les honneurs du Panthéon à Descartes.

Le même jour, décret qui ordonne que

les formes, poinçons et matrices, servant à la fabrication des assignats, seront brisés le 30 pluviôse.

Le 11, décret portant que les commissaires du pouvoir exécutif près les administrations municipales des cantons dont la population serait de deux mille ames et au-dessous, ne seront pas tenus de résider dans les chefs-lieux des cantons, mais seulement dans l'étendue du canton.

Le 5 ventôse, Stofflet, chef d'une division de l'armée des révoltés de la Vendée, condamné à mort avec quatre de ses officiers.

Le 6 germinal, un billet du directeur Carnot annonce au conseil des cinq cents que Charrette, général des vendéens, a été pris et fusillé.

Le 27, décret portant peine de mort contre ceux qui, par leurs discours ou leurs écrits, provoqueraient la dissolution du Gouvernement, le rétablissement de la royauté ou de la constitution de 1793.

Le 28 messidor, le conseil des cinq cents reçoit un message du directoire, annonçant l'entière soumission des chouans et des vendéens.

Le 3 thermidor, suppression des ordres religieux de la Belgique et dans les pays réunis.

Le 6, le conseil des cinq cents adopte un projet accordant une amnistie aux délits militaires commis dans la Vendée.

Le projet d'amnistie générale, présenté par le député Camus, est ajourné au lendemain.

Le 25, résolution portant que le commerce et l'industrie seront soumis à un droit de patente, et à un dixième en sus du loyer des maisons.

Le 12 fructidor, le conseil des cinq cents

se forme en comité général, pour entendre la lecture d'un traité d'alliance offensive et défensive avec l'Espagne.

Le même jour, traité de paix entre la république française et le margrave de Baden, approuvé par le conseil des anciens le 14 fructidor an 4.

Le 21, armistice conclu avec son altesse Bavaro-Palatine.

Fin des Époques contenues dans ce troisième Volume.

TABLE DES MATIÈRES

Contenues dans ce Volume.

SOMMAIRE DU CHAPITRE PREMIER.

Mesures prises par la convention contre les intrigues des agens des puissances étrangères; correspondance de quelques sections de Paris avec plusieurs départemens, page 3

Refus des électeurs de Paris d'obéir au décret rendu dans la nuit du 11 au 12 vendémiaire; proclamation de la convention, 5

Journée du 13 vendémiaire, et ses suites, 9

Pétition des habitans des départemens méridionaux, lue à la convention, 22

Mesures pour arrêter les assassinats commis dans ces départemens, 28

Développement des causes de ces meurtres, 29

Inquiétudes que répand, contre l'établissement du

corps législatif, la formation d'une commission de cinq membres, chargée de sauver la patrie, page 34
Formation des deux conseils; nomination des membres du directoire de France; proclamation après son installation, 35
Bruits inquiétans répandus dans Paris et dans la république française, 39
Position délicate où se trouve le directoire, 42
Causes des agitations sourdes et des mouvemens qui se préparaient, 43
Demande inconsidérée de l'ambassadeur du grand-duc de Toscane; réponse du directoire à cette demande, 44
Les députés prisonniers en Autriche, se présentent à la convention; terme fixé pour l'admission des assignats, 46
Préparatifs de guerre pour la campagne, 47
Vœu général des puissances du Continent pour la paix; efforts du ministère anglais pour empêcher d'y parvenir, 49
Conduite de la Cour de Toscane après le renvoi du comte Carletti; envoi d'un autre ambassadeur; son discours, réponse du directoire, 54
Brûlement des instrumens qui avaient servi à la fabrication des assignats, 59
Création des mandats, 61
Découvertes des desseins de Babœuf, 62
Création de la haute-cour de justice, 63

Meurtres à Marseille et à Aix. page 64

Mouvemens préparés au faubourg Antoine; leur résultat, 66

Affaire du camp de Grenelle sous Paris, 70

SOMMAIRE DU CHAPITRE II.

Mécontentement général des habitans de l'isle de Corse; insurrection dans toute l'étendue de cette isle; motif de l'accusation contre M. Colonna; embarras des Anglais à cause de cette insurrection, 75

Echange des prisonniers dans cette isle; sortie du port de Toulon d'une division de six vaisseaux de ligne et de trois frégates, 77

Adresse de Paoli aux Corses; le parlement corse convoqué, par les Anglais, pour le 15 octobre, 78

Départ de Paoli; son intention de se retirer à Londres; croisière de la flotte anglaise, 78

Refus de payer, dans la Corse, les impositions établies par les Anglais; les suites de ce refus, 81

Fin de la session du parlement corse; négociation des Anglais avec le bey d'Alger, relativement aux Corses, 82

Nouvelle insurrection dans l'isle; ses suites, 84

Projets des insurgens, 86

Le général Gentil et plusieurs officiers corses passent, de Gênes, dans l'isle de Corse; effet que produit leur passage sur les esprits, page 87

SOMMAIRE DU CHAPITRE III.

Conduite de la république de Venise; manière de vivre de Monsieur, frère de Louis XVI, à Véronne, 89

Plainte du ministre des relations extérieures à l'ambassadeur de Venise, au sujet du séjour accordé au ci-devant comte de Provence et aux émigrés dans les Etats de Venise; réponse de l'ambassadeur, au nom du Gouvernement Vénitien. 92

Condition que Monsieur met pour s'en aller; son départ pour l'armée de Condé, 93

Ordre donné à tous les émigrés de quitter le territoire Vénitien, 95

Approche des armées belligérantes de ce territoire, 96

SOMMAIRE DU CHAPITRE IV.

Ouverture des théâtres de Rome; plusieurs corps de cavalerie napolitaine se rendent dans le Milanais par les Etats du pape, 100

Les victoires des Français causent de vives alarmes aux Cours de Rome et de Naples; édit et or-

donnance du cardinal Vencenti; invitation aux quatre princes romains de porter leur argenterie à la monnaie, page 101

Le pape se décide à entrer en négociation avec le général français par l'entremise du ministre espagnol; le cardinal abbé Mauri passe en Russie, 103

Prières publiques ordonnées à Naples; ordre de lever une armée de soixante-dix mille hommes; promesses faites à ceux qui s'enrôleront; les évêques, les curés et les prédicateurs chargés d'exciter le zèle du peuple napolitain, 104

Inquiétude et fermentation parmi le peuple romain; les princesses françaises se disposent à quitter Rome, 108

Fausse nouvelle apportée par un moine dans la Romagne; consternation à Rome; nomination de ministres plénipotentiaires pour se rendre à Paris, après avoir obtenu un armistice, 109

Ordre donné par le pape pour un inventaire des effets d'or et d'argent des églises, afin d'effectuer les paiemens stipulés dans les clauses de l'armistice; suspension de l'effet de l'édit concernant l'argenterie des églises; négociation d'un emprunt à Gênes, 110

Le pape ordonne des prières publiques et promet des indulgences; miracles opérés à Rome, dans Ancône, etc. 114

Edit pour que les Français soient bien traités dans Rome, page 115
Interprétation donnée aux miracles par le pape, 118
Arrivée du ministre français à Rome, 122
Soumission des corps ecclésiastiques, relativement à l'argenterie, 123
Arrivée du citoyen Cacault à Rome; paiement d'une partie de la contribution, 124
Conférences chez le ministre espagnol à Rome; imprudence du pape, 125
Départ précipité des Français de Férarre; conduite du pape dans cette ville, 126
Insulte faite aux commissaires français à Rome, 127
Prévention à Rome contre les nouvelles des succès des Français, 130
Les Français y sont encore insultés; ordre de respecter les Français, 131
Renvoi du fiscal Barberi; le ministre français demande la punition des auteurs des insultes, 132
Conduite des partisans des Autrichiens dans la ville de Pavie; mort du commandant Cassal-Maggiore, 133
Le ministre français enjoint au général Acton, ministre de Naples, de retirer ses troupes des frontières du pape; réponse de la Cour de Naples, 135
Départ de Rome du légat de Férarre, 137
Conditions de paix rejetées par le pape, 138

Le Gouvernement de Rome fait des préparatifs de guerre, page 139

SOMMAIRE DU CHAPITRE V.

L'amour de la liberté fait des progrès dans les Etats du duc de Modène; arbre de la liberté planté à Reggio; retraite de cette ville de la garnison du duc; fêtes qu'on y célèbre, 141

Arrivée du commissaire français Salicetti dans Reggio; lettre de ce commissaire à la régence de Modène; fêtes données à Salicetti à Reggio, 143

Arrivée de ce commissaire à Bologne; joie des habitans en apprenant qu'ils étaient libres, 145

Députés envoyés, par le sénat de Reggio, au sénat de Bologne; édit du sénat de Bologne; ordre de préparer, dans cette ville, des logemens pour douze à quinze mille Français, 146

Réponse du directoire au ministre du duc de Modène; formation de la république transpadane, 147

SOMMAIRE DU CHAPITRE VI.

Position où se trouve Gênes; dispositions apparentes des flottes anglaise et espagnole, 151

Mesures prises par les Génois, dans le cas d'un nouveau blocus, page 152
Entrée du vaisseau anglais l'Agamemnon dans le port de Gênes; départ de la flotte espagnole, 153
Arrivée à Gênes du ministre de la république française; l'ex-ministre français consigné, 154
La république française donne de nouvelles preuves de son attachement à celle de Gênes; réception du ci-devant envoyé à Gênes; sa conduite, 157
Injonction de réparer les dommages commis sur le territoire génois; arrêté du comité de salut-public, sur la navigation des puissances neutres, 158
Cause qui fait abandonner aux Génois les ports du midi de la France; proclamation pour faire cesser cette cause, 159
Rentrée en France des artistes et des ouvriers établis à Gênes; un convoi français évite la flotte anglaise, 161
La flotte anglaise entre dans golfe de Spezia, y débarque trois cents Français, et quitte ce golfe, 162
Complots découverts par les Français; une felouque sarde s'empare de quatre pingres génois, chargés de grains pour la France, 163
Discours du ministre sarde au sénat de Gênes, et la réponse, 164
Note du général autrichien Dewins; réponse du sénat génois, 165

Intrépidité de grenadiers français pour reprendre une tartane enlevée par deux corsaires anglais ; remontrances du ministre français au sénat de Gênes ; réponse du sénat, page 166

Les Anglais et les Autrichiens s'emparent de tous les bâtimens chargés de vivres, 171

Note du général autrichien au Gouvernement génois, 172

Réponse du Gouvernement génois, 175

Déclaration du général Dewins ; explication demandée par le ministre espagnol, 179

Proclamation du général français, 182

Arrivée de la flotte anglaise dans les parages de Gênes ; les anglais attaquent quatre bâtimens français à l'ancre ; les Français célèbrent l'anniversaire de la fondation de la république française dans le port de Gênes, 184

Excès des Anglais dans les ports des Génois, 185

Mésintelligence entre les Anglais et les Autrichiens, dans les Etats de Gênes, 187

Menace d'un nouveau blocus, 189

Mouvemens des coalisés dans Gênes ; arrivée de Salicetti dans Gênes ; alarmes répandues dans cette ville par les partisans de la maison d'Autriche, 190

Arrivée du ministre Faypoult à Gênes ; son discours, 194

Note remise au sénat, 196

Départ d'un envoyé extraordinaire de Gênes à Paris, 200

Note nouvelle remise au sénat de Gênes, page 201
Discours de l'envoyé de Gênes au directoire de France, 211
Réponse du directoire, 214
Renouvellement d'une cérémonie singulière, à Gênes, 216
Nouvelle violation des Anglais; arrêté du sénat de Gênes qui leur ferme tous les ports de la république génoise, 218

SOMMAIRE DU CHAPITRE VII.

Traité du roi de Sardaigne avec l'empereur; le Milanais mis en état de défense, 223
Envoi d'une armée autrichienne en Italie, 224
Relation donnée par la Cour de Sardaigne de la position de ses armées; édit de cette Cour, 225
Le général Dewins quitte le commandement de l'armée autrichienne; Coni mis en état de défense; déroute des Piémontais chassés de Pietra; trois petits camps abandonnés par les Piémontais, 226
Prise de Roccaviou; les ennemis poursuivis à Cairo, 227
Soulèvement dans l'isle de Sardaigne; moyens employés par la Cour pour les calmer; desseins des Anglais sur cette isle, 229
Arrivée de l'archiduc de Milan à Acqui; émigration des habitans du Mont-Ferrat, 231

Total des forces autrichiennes et piémontaises; retranchemens àD égo, page 232
Situation critique du roi de Sardaigne, 235
Les Français attaqués sur plusieurs points pour connaître leurs positions; fortification de plusieurs places, 236
Dispositions pour les quartiers d'hiver des Autrichiens et des Piémontais, 237
Enlèvement de fourrage, dans le Piémont, par les Français; l'armée d'Italie renforcée; le général Schérer y est attendu; réorganisation de l'aımée, 238
Fortification de Mantoue; emprunt ouvert á Milan, 239
Cause du nouveau mécontentement des habitans de l'isle de Sardaigne; abattement de la Cour de Turin, 240
Ventes des biens ecclésiastiques dans cette ville, 242
Visite de toutes les positions par le général Schérer; conseil de guerre, pour l'ouverture de la campagne, tenu à Turin, 244
Effort du prince de Piémont, pour engager son père à faire la paix; monopole des grains fait par l'archiduc Ferdinand, 245
Edit de la Cour de Turin, pour un emprunt à six pour cent; théâtres et assemblées publiques fermés à Turin; augmentarion d'impôts; arrivée du général Dewins à Crémone, 246
Discipline parmi les Français, 247

Prise du col del Monte-Poste; les Piémontais repoussés sur le Mont-Bernard, page 248

Inquiétudes de la Cour de Vienne pour ses provinces d'Italie; renforts pour l'armée Piémontaise, 250

Dispositions des Français pour pousser la campagne avec vigueur; surprise du poste avancé de la Thuile, etc., 251

Edit à Milan, sur les matières d'or et d'argent; victoire de Vado, 253

Attaque générale de l'aîle droite de l'armée française, et les suites de cette attaque, 255

Ce qui se passe devant la forteresse de Savonne, 259

Victoire des Français au col de Terme, près Ormea, 261

Proclamation du général Kellermann à l'armée française, 264

Sa lettre au général Dewins; réponse de ce général, 266

Les ennemis repoussés au-delà de Loano; enlèvement de Champ-di-Pietri par les Français, 268

Visite des positions de l'armée des Alpes, par le général Kellermann, 270

L'ennemi chassé des hauteurs de Sture, 273

Le général Schérer nommé commandant en chef de l'armée d'Italie, 275

Victoire des Français à Saint-Bernouil; l'ennemi repoussé à Tuirans, 277

Correspondance

Correspondance des Barbets avec l'ennemi; quelle sorte d'hommes étaient les Barbets; commission militaire pour les juger, page 278

SOMMAIRE DU CHAPITRE VIII.

Ressource contre la disette de grains éprouvée par l'armée d'Italie, 282

Déroute des Piémontais à l'attaque du Mont-Genèvre; traits de courage des Français, 283

Mouvemens dans l'isle de Sardaigne, 285

Fuite des Piémontais au poste de la Cerise, 286

Les Autrichiens se fortifient à Borghetto et à Albinga; les Français à Vado; départ de Toulon d'une division de vaisseaux, 290

Défaite des Autrichiens à Borghetto, 291

L'isle de Sardaigne en rebellion ouverte, 295

Le général Kellermann manque d'être assassiné; prise du camp des Autrichiens à Garresio; campagne d'automne, 296

Reprise du poste et du village de Malchaussée, par les Français, 298

Bombardement de Loano, 301

Continuation des troubles dans l'isle de Sardaigne; conseil de guerre tenu à Albinga par les généraux et les représentans français, 302

Enlèvement des magasins autrichiens à Voltri, 304

Défaite des Autrichiens et des Piémontais à Champ-di-Pietri, 305

Victoire de Loano ; prise de cent pièces de canon, etc., de Loano, de Finale, de Vado, de Savonne, et de tous les magasins des ennemis, page 306

Retraite des Autrichiens et des Piémontais à Intrapa et à Garresio ; victoire des Français dans ces deux endroits et à Spinardo, 311

Incendie au bourg Maurice, 314

Levo cerné par les Français, 315

Trieste mis en état de défense, 316

Excès commis par des soldats français ; proclamation du général Schérer à ce sujet, 318

Retraite des Autrichiens sur Acqui ; prise, par les Français, de dix-huit bâtimens armés à Vado, 322

Ordre donné par l'empereur de renforcer l'armée d'Italie ; mésintelligence entre les Piémontais et les Autrichiens, 324

Crainte qu'éprouvent tous les Etats d'Italie ; Beaulieu nommé général des Autrichiens en Italie ; lettre du roi de Sardaigne à ses armées, 325

Traits particuliers de courage, 328

Cantonnemens, 333

Les Français repoussés de la côte de Priola, 335

Renforts envoyés au général piémontais Colli et aux Autrichiens ; arrivée du général Beaulieu à Milan, 336

Retenue sur les pensions et appointemens dans

cette ville ; suspension d'armes ; état des finances du roi Sardaigne, page 337

Dispositions à la paix dans l'Italie ; situation de l'isle de Sardaigne, 339

Demande au Gouvernement génois de mettre une garnison française à Savonne, 341

Prise de la frégate anglaise la Justice, près Tunis, 342

Le roi de Sardaigne envoie des couriers à Bâle et à Vienne, 343

Envoi de vingt-cinq mille hommes de Naples à l'armée autrichienne, 345

Etat des forces des Autrichiens, et des Piémontais en Italie, 346

Buonaparte nommé général de l'armée d'Italie, 347

Caractère distinctif de ce général, 348

SOMMAIRE DU CHAPITRE IX.

L'archiduc de Milan demande à l'empereur des forces respectables, 351

Le Gouvernement napolitain épuise sa marine pour le service des Anglais ; alarmes répandues dans les parages de la Sicile et de la Calabre par une escadre de vaisseaux algériens, 352

Effets que produisent à Naples les succès et les préparatifs des Français, 353

Mesures employées par la Cour de Sardaigne pour mettre fin aux troubles de l'isle de ce nom; réflexions politiques sur la conduite des différentes puissances coalisées, page 355

ÉPOQUES principales des décrets et des faits les plus frappans. 364 et suiv.

Fin de la Table du Tome troisième.

www.ingramcontent.com/pod-product-compliance
Ingram Content Group UK Ltd.
Pitfield, Milton Keynes, MK11 3LW, UK
UKHW012006240726
13965UKWH00001B/183

9 782013 275705